Vergangenheit loslassen

# „Das lasse ich hinter mir…"

Wie du mit altem Schmerz abschließt,
um in der Zukunft nicht zu sterben

**Stefanie Lorenz**

Dieses Werk, einschließlich aller Inhalte, ist urheberrechtlich geschützt. Alle Rechte und Übersetzungsrechte vorbehalten. Nachdruck oder Reproduktion (auch auszugsweise) in irgendeiner Form, sowie die Einspeicherung, Verarbeitung, Vervielfältigung und Verbreitung mit Hilfe elektronischer Systeme jeglicher Art, gesamt oder auszugsweise, sind ohne ausdrückliche schriftliche Genehmigung des Verlages untersagt. Alle Namen und Personen sind frei erfunden und Zusammenhänge mit real existierenden Personen sind rein zufällig. Alle Inhalte wurden unter größter Sorgfalt erarbeitet. Der Verlag und der Autor übernehmen jedoch keine Gewähr für die Aktualität, Korrektheit, Vollständigkeit und Qualität der bereitgestellten Informationen. Druckfehler und Falschinformationen können nicht vollständig ausgeschlossen werden.

### Achtung, Gratis-Bonusheft!

Mit dem Kauf dieses Buches hast du ein kostenloses Bonusheft erworben. Dieses steht nur eine begrenzte Zeit zum Download zur Verfügung.

Alle Informationen, wie du dir schnell das gratis Bonusheft sichern kannst, findest du am Ende dieses Buches.

# Inhaltsverzeichnis

Einleitung .................................................................... 1

Unsere Wahrnehmung der Vergangenheit ........................ 5

    Das menschliche Erinnerungsvermögen – eine nützliche Sache mit Einschränkungen ..................................................... 8

    Wie erinnern wir uns und was passiert dann? .................... 10

    Wozu erinnern wir uns überhaupt und wie wird das beeinflusst? ....................................................................... 12

    Wir müssen uns nicht an alles erinnern ............................ 17

    Deine subjektive Erinnerung – wieso lohnt sich das Hinterfragen? ..................................................................... 20

    Arbeit mit dem Inneren Kind zum besseren Verständnis deiner Vergangenheit ........................................................ 21

    Klarer Blick, klares Ziel .................................................... 23

    Weitere Methoden, um deiner Erinnerung auf die Sprünge zu helfen .............................................................. 26

    Neuer Blick auf alte Themen ............................................ 31

    Hilfestellung von außen .................................................... 32

Von welchen Dingen oder Themen möchtest du dich verabschieden? ....................................................................... 33

    Konkrete Ereignisse identifizieren .................................... 36

    Keine schnelle Sache – Themen, die länger dauern ........... 40

    Was wäre, wenn .............................................................. 44

    Klarheit ins Dunkel bringen – vom Umgang mit diffusen Erinnerungen .................................................................... 49

    Kleine Stacheln, große Verletzungen – auch Kleinvieh macht Mist ........................................................................ 51

Thema Aufarbeitung – wann ist sie sinnvoll und was ist dabei wichtig? ....................................................................... 55

Aufarbeitung mit einer Fachkraft ................................................56
Reflexionsanregungen für dich ..................................................57
Grenzen der Aufarbeitung ..........................................................60
Tiefsitzende Themen – wenn da noch was ist........................64

## Endlich loslassen – wie gehe ich es an?................................ 67

Der erste Schritt ............................................................................68
Relativieren ....................................................................................69

## Ich will loslassen, aber es geht nicht – was ist hier los? ..... 93

Der richtige Zeitpunkt – alles im Leben hat seine Zeit
und seinen Ort ............................................................................. 96
Die Angst vor dem Danach – was kommt nach dem
Loslassen?.......................................................................................99
Mitgefühl und Ehrlichkeit beim Heilungsprozess................ 102
Mehr als ein lebendes Krisengebiet? Wie schaffe ich es,
mich nicht mehr mit meiner Wunde zu identifizieren? ..... 104

## Endlich frei – Startschuss für neue Lebenspläne ............... 109

Rückschläge oder Unsicherheiten - ohne Stachel
ganz nackt ................................................................................... 110
Wer kann ich ohne den Stachel sein – Ausblick auf dein
neues Leben! ............................................................................... 111

## Gratis Bonusheft ........................................................... 115

## Quellen ......................................................................... 117

# Einleitung

„Wer in der Vergangenheit lebt, verpasst die Zukunft!" Dieses Zitat unbekannten Ursprungs hat sicher jeder von uns schon mal gehört. Die Aussage an sich ist absolut schlüssig und lässt sich leicht nachvollziehen: Wer mit seinen Gedanken immer beim Gestern festhängt, kann nicht mit vollem Bewusstsein im Heute sein und wird daher auch nicht all das in die Wege leiten können, was nötig wäre, um eine glückliche Zukunft zu gestalten. Drastischer auf den Punkt bringt es der Ausspruch: „Wer in der Vergangenheit lebt, stirbt." Vielleicht nicht tatsächlich, aber mental, denn wenn man immer bereits Geschehenem nachhängt, ist einfach kein Platz für all die schönen Dinge, die einen mit Leben erfüllen.

Wie kommt es aber, dass, obwohl doch jeder und jedem klar ist, wie wichtig das Leben im Hier und Jetzt ist, immer noch sehr viele Menschen ein Problem damit haben, Vergangenes wirklich und aufrichtig loszulassen?

Da gibt es die Tochter, die die Zurückweisung ihres Vaters nicht überwinden kann und deshalb keine feste Bindung eingehen möchte, um nicht wieder enttäuscht zu werden. Wir sehen die Künstlerin, die den wichtigen Malwettbewerb nicht gewinnen konnte und seitdem keinen Pinsel mehr angefasst hat und stattdessen nun in einem ganz anderen Feld beruflich tätig ist. Da ist die Frau, attraktiv, selbstbewusst und erfolgreich, die aber trotz allem niemanden an ihrer Seite hat, weil sie einer längst verflossenen Liebe nachhängt und kein neuer Mensch in ihr Leben treten kann.

Es können ganz unterschiedliche Probleme oder Erfahrungen sein, die Menschen nicht loslassen und ihnen den Blick auf das Wesentliche verbauen, die sie daran hindern, all das Gute in ihrem Leben zu sehen, das sie für sich seit einer prägenden Situation geschaffen haben. Es gibt plausible

Gründe dafür, die Erinnerungen daran zu verschleiern, dass es in der Vergangenheit auch gute Zeiten abseits dieses negativen Ereignisses gab.

Geht es dir auch so, dass du ein Erlebnis aus deiner Vergangenheit nicht loslassen kannst? Gibt es ein Thema, dass dir immer wieder im Kopf herumspukt, sich in deine Gedanken schleicht oder so häufig Gesprächsthema mit deinen Lieben ist, dass sie es schon nicht mehr hören können – und du eigentlich auch nicht? Was ist dieses Etwas, das da wie ein Stachel in deinem Herzen sitzt und dich nicht zur Ruhe kommen lässt? Was ist der Grund für deine nicht sichtbare Wunde, die du mit dir herumträgst, die scheinbar nie ganz abheilen konnte und die bei der kleinsten Gelegenheit wieder aufzureißen droht? Handelt es sich um das Ende einer Freundschaft, eine gescheiterte Beziehung, Familienstreitigkeiten oder verpasste berufliche Chancen? Sind es vermeintliche Fehlentscheidungen oder Worte, die gefallen sind?

Verluste, Krisen, Zurückweisungen, Enttäuschungen und andere Erlebnisse können einen Menschen maßgeblich prägen – manchmal so sehr, dass sie ihn komplett einnehmen und zum bestimmenden Teil in seinem Leben werden.

Vielleicht ist das, was dich belastet, auch nur ganz leise im Hintergrund präsent, fast nicht zu bemerken, aber doch nagend und überaus störend. Ganz gleich, ob du das Gefühl hast, von deinem Thema fast übermannt zu werden, oder aber es wie ein dumpfer Kopfschmerz dein stiller Begleiter ist – wenn es dich davon abhält, dein jetziges Leben so zu leben, wie du es eigentlich willst, dann wird es Zeit etwas zu tun!

Das Gute an der Sache ist: Auch wenn sich deine Situation jetzt möglicherweise sehr unangenehm anfühlt, bist du ihr keinesfalls machtlos ausgeliefert! Möglicherweise sagt dir dein Gefühl in diesem Moment etwas ganz anderes. Hilflosigkeit ist eine sehr mächtige Emotion. Sie kann dich bremsen oder sogar zu einer Art Erstarrung führen. In

## Einleitung

Wirklichkeit aber hast du es in der Hand, wie du mit Dingen und Ereignissen in deinem Leben umgehst. Du kannst an deiner Betrachtungs- und Bewertungsweise von Erlebnissen etwas verändern. Dieser Schritt erfordert vielleicht einiges an Mut, aber du kannst dir sicher sein, dass du es schaffen kannst, wenn du einen Fuß vor den anderen setzt und dir Zeit für diesen Prozess gibst. Den ersten Schritt bist du übrigens bereits schon gegangen, da du die Situation, in der du dich gerade befindest, zum einen bemerkt hast. Zum anderen hast du dich dazu entschlossen, diesen Zustand zu verändern, indem du dich für dieses Buch entschieden hast. Dieses Buch soll dir dabei helfen, den Stachel zu ziehen und dich deinem Thema so zu nähern, dass du es bei Bedarf bearbeiten und loslassen kannst, um dein Leben im Hier und Jetzt frei von Altlasten in vollsten Zügen zu genießen.

Dazu befassen wir uns zunächst mit der Wahrnehmung der eigenen Vergangenheit, überprüfen, inwieweit unsere subjektive Färbung diese verändern kann und wie sich das auf unser Erleben und Leben in der Gegenwart auswirkt.

Wie Erinnerungen funktionieren, warum sich das menschliche Gehirn bevorzugt negative Aspekte merkt, und wie du deine Erinnerungen auf ihren Wahrheitsgehalt hin überprüfen und neue Betrachtungsmöglichkeiten entwickeln kannst, erfährst du also im ersten Kapitel. Danach geht es darum, eine Bestandsaufnahme zu machen. Welches Thema beschäftigt dich? Welche Wunde mag einfach nicht abheilen und reißt immer wieder auf? Wo sitzt der Stachel einer Verletzung so tief, dass du ihn bei der kleinsten Bewegung spürst? Hast du genau benannt, was du warum ändern möchtest, geht es in Kapitel drei daran, den Plan in die Tat umzusetzen. Dabei stellen sich folgende Fragen: Wann ist Aufarbeitung alter Themen sinnvoll, und wann nicht? Welche Methoden der Aufarbeitung gibt es und welche Fallstricke sind dabei zu beachten?

Hast du das klären können, kommst du zum Loslassen. Dieser Schritt mag für viele der forderndste sein, doch mit detaillierten Schritt-für-Schritt-Anleitungen und der Vorstellung verschiedenster Methoden und Techniken findest du sicher das richtige Handwerkszeug, um dein Thema endlich loszulassen, den Stachel zu ziehen, die Wunde zu schließen. Ist dieser Schritt geschafft, ist da plötzlich jede Menge Licht und Raum, Platz für etwas Neues, das nun in dein Leben treten darf. Auch wenn du dir das jetzt vielleicht noch nicht wirklich vorstellen kannst – es kann ein Leben ohne diesen ständigen Druck geben. Freue dich auf diese spannende Reise und sei dir sicher: Du bist nicht allein! Und vor allem – auch wenn ein solcher Veränderungsprozess garantiert nicht immer einfach sein wird – es lohnt sich! Unbändige Lebensfreude und Kraft für all das, was dir wirklich wichtig ist und am Herzen liegt, sind die Belohnung für deine Mühen! Eine tolle Aussicht, oder? Gehen wir es an!

# Unsere Wahrnehmung der Vergangenheit

Es ist schon seltsam, oder? Den netten Gruß des Nachbarn auf dem Weg zur Arbeit, die Bäckersfrau, die uns die Tür aufgehalten hat, das Singen der Vögel und all die grünen Ampeln, haben wir beim Ankommen im Büro schon wieder vergessen. Aber an den Nachbarn aus dem zweiten Stock, der schon wieder das Radio so laut aufgedreht hatte, als wolle er den ganzen Block bei einem Open Air beschallen, an den erinnern wir uns. Wir merken uns das Lied, das uns genervt hat und die Stimme der Radiomoderatoren. All die anderen Dinge treten darüber in den Hintergrund und verblassen. Wenn uns dann jemand nach unserem Morgen fragt, erzählen wir nicht von dem schönen Vogelgesang, der uns im Park entgegen flog, oder von dem netten Gruß oder von der zuvorkommenden Bäckersfrau, sondern von diesem blöden Nachbarn mit seinem blöden Radio mit diesem blöden Lied. In allen Einzelheiten und in den schillerndsten Farben ist es in unserer Erinnerung verankert und scheint dort immer größer und lauter und greller und störender zu werden, bis es nicht nur uns die Laune verhagelt, sondern sogar den Leuten, denen wir davon erzählen.

Erinnerst du dich an all die guten Referate und Vorträge, die du in deiner Schulzeit, in der Berufsausbildung oder während deiner Zeit an der Universität gehalten hast? Die netten, harmlosen Vorträge, bei denen du gut im Stoff standest, dich wohl gefühlt und deine Sache richtig gut gemacht hast? Eher unwahrscheinlich. Was dir vermutlich eher in den Sinn kommen wird, ist das eine Mal im Geografieunterricht, als du Lissabon nach Spanien verlegt hast und nach diesem Fehler so sehr ins Stottern geraten bist, dass alle gekichert haben. Oder du denkst an das andere Mal in Englisch, als du das totale Blackout hattest und vor der gesamten Klasse keinen Ton rausgebracht hast. Oder du erinnerst dich an dieses ganz schlimme Ding damals in der 9. Klasse bei Herrn Malbricht, als du mit deinem Schwarm zusammen vortragen musstest. Statt wie sonst souverän deinen Stoff vorzutragen, standest du wie das Kaninchen vor der Schlange da und bist tausend Tode gestorben, weil er dich jetzt ganz sicher total dämlich fand.

Wie kommt es, dass diese Erlebnisse, die weder angenehm noch erfreulich waren und die ganz sicher auch nicht die überwiegende Mehrheit in unserem Leben dargestellt haben, bis heute in unserer Erinnerung so präsent und blitzschnell abrufbar sind? Wie kommt es, dass die Erinnerungen, die wir daran haben, nicht nur geistig, sondern auch emotional und körperlich, spürbar sind? Vielleicht bemerkst du diese vermaledeite Röte in deinem Gesicht aufsteigen, wenn du an das Referat denkst, fühlst das Herz ein wenig schneller klopfen und die Finger klamm werden? Oder du bemerkst eine Anspannung und undefinierbare Wut, wenn du an den Nachbarn mit seinem Brüllkasten von Radio denkst.

Oder wie war das mit der Busfahrt neulich bei dem Betriebsausflug? Du hattest am Morgen erst Zoff mit dem Kleinkind, das meinte, fünf Minuten vor Abfahrt zum Kindergarten den Kleiderschrank ausräumen zu müssen, um lieber Sandalen zu tragen, anstatt der angemessenen Gummistiefel. Beim hektischen Aufräumen und Kind umziehen, hast du dir den Fuß gestoßen, dann gab's einen Rüffel vom Erzieher, weil du so spät dran warst, weil dein Rad einen Platten hatte. Natürlich kamst du deswegen auch verschwitzt und außer Puste am Parkplatz an, wo der Bus losfuhr. Der Bus war schlecht gelüftet und alt, die Kollegen irgendwie alle total hektisch und laut, und die Chefin hat auch immer so komisch rüber geguckt, dass dir klar war, dass da bestimmt noch was kommen muss. Und dann war da diese Latscherei am See und du musstest diese muffige Burg hoch, was natürlich mit dem Zeh auch viel zu viel war.

Einige Tage später erzählte deine Freundin aus der gleichen Abteilung, gerade frisch verliebt, beim Kaffeeklatsch mit euren Freunden von eurem gemeinsamen Ausflug. Als du sie hast reden hören, hast du dich gefragt, ob ihr beim gleichen Betriebsausflug wart. Sie erzählte von einer super angeregten Stimmung im Bus, tollen Gesprächen und einer total aufgeschlossenen Chefin, die immer wieder den Kontakt gesucht hat, sodass sie den Eindruck hat, dass da bestimmt bald eine Beförderung im Raum steht. Außerdem lobte sie den Ausflug an diesen malerischen See und zu dieser romantischen Burg als ein echtes Erlebnis.

Ein weiteres Beispiel dafür, wie selektiv unser Gedächtnis zu arbeiten scheint, ist das Urlaubsbeispiel: Du warst mit deiner besten Freundin oder deinem Herzensmenschen im Urlaub. Es war alles perfekt. Die Anreise lief ohne Probleme ab, euer Hotel war ein einziger Traum, das Essen exquisit und ihr hattet eine rundum gute Zeit. Ihr habt tolle neue Sachen unternommen, euch so richtig entspannen können, habt die Seele baumeln lassen und endlich mal ausgeschlafen. Dann kam die Rückreise. Aus irgendeinem Grund gab es Probleme beim Auschecken, dann kam das Taxi nicht und ihr hättet fast euren Flug verpasst. Am Heimatflughafen gab es erst keine Landegenehmigung und eure Ankunft hat sich extrem verzögert, sodass ihr den Anschlusszug nach Hause selbstverständlich auch nicht mehr rechtzeitig erwischt habt. Zudem hattet ihr bei all dem Schlamassel irgendwann auch noch Stress mit einander und die knatschige Stimmung hielt bis daheim an. Wenn euch jetzt jemand fragt, wie euer Urlaub war, liegt die Möglichkeit nahe, dass ihr von der schrecklichen Rückreise erzählt und der Ärger und Frust über euren Streit auch all die schönen Erlebnisse überlagert– zumindest im Moment. Der Urlaub wurde im Kopf unter dem Schlagwort „Desaster" abgespeichert, obwohl das Desaster eigentlich erst begonnen hat, nachdem der Urlaub schon zu Ende war.

Wie kommt es dazu? Sind unsere Erinnerungen tatsächlich genau das, was wir erlebt haben? An was erinnern wir uns, an was nicht? Besteht unsere Vergangenheit nur aus dem, was wir aus unseren Erinnerungen abrufen? Auf welche Weise tun wir das? Was ist mit den Dingen, an die wir uns nicht erinnern? Beeinflussen sie uns genauso oder existieren sie gar nicht mehr, sobald wir nicht mehr aktiv an sie denken? Und vielleicht ist die wichtigste Frage von allen: Ist tatsächlich alles wahr, woran wir uns erinnern?

Um diese Fragen zu beantworten, oder sich ihnen zumindest zu nähern, lohnt es sich, den Prozess des Erinnerns und das menschliche Gedächtnis einmal genauer unter die Lupe zu nehmen, und zu klären, wie und warum wir uns erinnern.

## Das menschliche Erinnerungsvermögen – eine nützliche Sache mit Einschränkungen

Mit unserer Erinnerung ist es wie mit der Gesundheit: Das Erinnern nimmt jeder von uns als selbstverständlich an, bis zu dem Zeitpunkt, an dem wir auf Stolpersteine treffen, das Erinnern nicht mehr so problemlos glücken mag oder wir große Abweichungen bei unserer Erinnerung im Abgleich mit der Erinnerung anderer feststellen.

Aber was hat es eigentlich mit dem Gedächtnis und dem Erinnern auf sich?

Mittlerweile geht die Neurowissenschaft davon aus, dass es ein sogenanntes Kurzzeitgedächtnis und ein Langzeitgedächtnis gibt. Manche Leute benutzen den Ausdruck Kurzzeitgedächtnis auch synonym für das Arbeitsgedächtnis. Das Kurzzeitgedächtnis übernimmt den Job des Aufnehmens und Verarbeitens von Informationen. Die aufgenommenen Informationen bleiben nur eine befristete Zeit im Kurzzeitgedächtnis, wie der Name bereits vermuten lässt. Eine Information verbleibt etwa 18 Sekunden im Kurzzeitgedächtnis, bevor sie entweder wieder vergessen wird oder ins Langzeitgedächtnis hinüberwandert. Zudem gilt die Kapazität des Kurzzeitgedächtnisses als begrenzt. Wenn es nicht speziell trainiert wird, können wir uns ungefähr bis zu 7 Informationen im Kurzzeitgedächtnis merken, unabhängig davon, wie hoch unser Bildungsstand ist. Das ist ein wichtiger Hinweis, denn wenn du dich nach einer Situation an einzelne Begebenheiten erinnern willst, wirst du in der Regel nicht mehr als 5 bis 7 Details aus deiner Erinnerung abrufen können. Das schränkt dich in deiner Erinnerung natürlich bereits deutlich ein.

Der Übergang zum Langzeitgedächtnis ist übrigens fließend und nicht genau trennbar.

Allerdings gibt es eine anatomische Trennung zwischen dem Kurzzeitgedächtnis und dem Langzeitgedächtnis, das bedeutet, sie sitzen in unterschiedlichen Bereichen des Gehirns. So kann es passieren, dass Leute, die bei einem Unfall eine Verletzung am Gehirn erlitten haben, noch über ein ausgezeichnetes Kurzzeitgedächtnis verfügen, aber über kein Langzeitgedächtnis mehr.

Das Langzeitgedächtnis gilt als unser Faktengedächtnis, das auch explizites Gedächtnis genannt wird. Hier speichern wir Erinnerungen, Erfahrungen und Faktenwissen. Interessant dabei ist, dass es auch ein sogenanntes motorisches Gedächtnis, oder implizites Gedächtnis, gibt, bei dem die Merkfähigkeit an die Ausübung der Tätigkeit geknüpft wird. Du kennst das sicher: Jahreszahlen konntest du allein durchs Vorsagen auswendig lernen, aber das Radfahren hast du durch das bloße Erklären nicht erlernen können. Auch dein motorisches Gedächtnis musste hier eine Speicherleistung vollbringen, indem du die Bewegungen immer wieder ausgeführt hast.

## Wie erinnern wir uns und was passiert dann?

Biologisch betrachtet, befindet sich unser Gedächtnis in unserer Hirnrinde, und mehrere Teile sind beim Merken und Erinnern wichtig. Der Hippocampus, ein Teil des Gehirns, ist der Punkt, der besonders wichtig für das Merken zu sein scheint. Er bündelt die Empfindungen deiner Sinne, die über dein Hörzentrum, dem Bereich für emotionale Empfindungen, gemacht werden und kreiert daraus eine Erinnerung. Allerdings solltest du dir diese nicht als ein komplettes Bild vorstellen, sondern eher wie kleine Bruchstücke, die bei Bedarf wieder zusammengesetzt werden können.

Es wird nicht die Realität abgebildet, sondern du konstruierst während deines Erinnerungsprozesses, der von verschiedenen Faktoren beeinflusst wird, ein subjektiv gefärbtes Erinnerungsfragment.

Damit die Informationen im Hippocampus abgespeichert werden können, muss das Arbeitsgedächtnis sie aufnehmen. Ist dieses allerdings mit anderen Prozessen beschäftigt, etwa, weil du dich in einem herben Streit befindest und nach einer guten Antwort suchst, oder du durch eine andere Situation stark gefordert bist und viele Eindrücke sortieren musst, kann das Arbeitsgedächtnis einige Aspekte nicht aufnehmen und du merkst sie dir schlechter. Das ist ähnlich wie damals, als du für eine Klausur gebüffelt hast und die Stimmen deiner Mitbewohner dich so abgelenkt haben, dass du die gleichen Zeilen immer wieder lesen musstest.

Erinnerungen sind also kein tatsächliches Abbild der Realität. Unsere Erinnerung wird durch zahlreiche interne und externe

## Unsere Wahrnehmung der Vergangenheit

Aspekte beeinflusst: Wir setzen das Erinnerungsfragment immer wieder mit neuem Allgemeinwissen und in anderer Stimmung zusammen und unser aktuelles Wissen ist mehr als engagiert, die Lücken zwischen den Bruchstücken mit sinnhaften Details zu ergänzen. Dabei müssen diese gar nichts mit der Situation von damals zu tun gehabt haben. Beschäftigst du dich beispielsweise oft mit psychologischen Themen und erinnerst dich an einen Streit zwischen deinem Ex-Partner und dir, wird dein aktuelles Wissen Erinnerungslücken vermutlich mit deinen neu gewonnenen Kenntnissen schließen und somit Sachen „hinzudichten". Dies passiert nicht bewusst oder böswillig und ist auch kein Zeichen einer Gedächtnisstörung. Es ist ein ganz normaler Vorgang, der bei allen Menschen passiert.

Zudem kann auch dein Umfeld auf dein Erinnerungsvermögen einwirken. Je nachdem, mit welchen Worten dir jemand beim Erinnern auf die Sprünge hilft, wird deine Erinnerung gelenkt. Sitzt du mit deiner ebenfalls frisch verlassenen Freundin zusammen und fragt diese dich nach den Tagen nach der Trennung, wird sie vermutlich andere Worte wählen, als jemand, der dem Thema Beziehung gerade neutral oder positiv gegenübersteht.

Ein bekanntes Beispiel für diesen Umstand ist das Experiment der Psychologin Elizabeth Loftus, von dem du vielleicht schon einmal gehört hast.

Bei diesem Experiment wurden zwei unterschiedlichen Gruppen von Probanden Bilder eines Autounfalls gezeigt. Der einen Gruppe zeigte man die Bilder mit der Aussage, die Autos seien mit einem Zusammenknall aufeinandergestoßen. Der zweiten Gruppe an Probanden präsentierte man die Bilder hingegen mit dem Satz, es hätte einen Zusammenstoß zwischen den beiden Autos gegeben. Anschließend mussten sich die Probanden an das Bild erinnern und es beschreiben. Kannst du dir vorstellen, welche Gruppe sich allein aufgrund der Wortwahl an deutlich mehr zerbrochenes Glas und größere Schäden erinnerte?

Ganz genau! Die Gruppe, die mit dem Wort „Zusammenknall" in die entsprechende Richtung gelenkt und beeinflusst wurde, erinnerte sich später anders.

Es kann also festgehalten werden: Die Wortwahl deines Gesprächspartners, aber auch von dir, spielt eine entscheidende Rolle dabei, wie und auf welche Weise du dich an Vergangenes erinnerst. Vielleicht kennst du die Redewendung „sich in Rage reden"? Möglicherweise hast du auch schon einmal eine Freundin beobachtet, die dir von einer Auseinandersetzung erzählte, dabei immer wütender wurde, den Streit immer dramatischer dargestellte und anschließend aufgebrachter war als vorher? Bedenke diese Umstände, wenn du dich an Vergangenes erinnerst, und behalte im Hinterkopf, dass jeder von uns manchmal einen Streich von seiner Wahrnehmung oder Erinnerung gespielt bekommen kann.

## Wozu erinnern wir uns überhaupt und wie wird das beeinflusst?

Um es ganz vereinfacht zu sagen: Der Mensch erinnert sich, um seine Überlebenschance zu erhöhen. Da sind wir auch nach all der Zeit, die der Mensch diese Erde bevölkert, immer noch auf demselben Stand. Wir erinnern uns an Erlerntes, um in der Zukunft, wenn eine ähnliche Situation auftaucht, besser entscheiden zu können und somit unser Überleben zu sichern. Wir können uns Situationen vorstellen und dank unseres Erinnerungsvermögens überprüfen, mit welchem Verhalten wir bis jetzt Erfolge und mit welchem wir Niederlagen erlebt haben. Folglich können wir unser Verhalten in Zukunft so anpassen, dass wir besser mit der Situation oder jeweiligen Anforderung zurechtkommen.

Es ist möglich, dass du etwas ganz unbewusst lernst und dir dann merkst, etwa durch die sogenannte Habituierung. Das bedeutet, dass du dich an etwas gewöhnst. Wurde zuhause immer in einem sehr rauen Tonfall miteinander gesprochen, und gab es keine Herzlichkeit, dann hast du dich über all die Jahre daran gewöhnt und so vielleicht nicht einmal bewusst mitbekommen, wie sehr dich dieser Umgang verletzt hat. Du hast gelernt, dass es klüger ist, sich an dieses Verhalten anzupassen, weil du sonst aneckst und du dich noch weniger deiner Familie zugehörig fühlst. Auch hier dient dein Erinnern im übertragenen Sinne quasi dem Überleben.

In diesem Fall handelt es sich zudem um einen Stachel, dessen Gift erst über die Zeit wirkt. Solche Problemstellungen sind mitunter schwerer aufzulösen, da sie für dich durch die Gewöhnung ja so normal erscheinen. Zwar merkst du, dass dir etwas fehlt und du beispielsweise im Umgang mit deinen Kindern alles anders machen, sie umarmen, offen herzen und ihnen Liebe schenken möchtest, du aber nicht recht aus deiner Haut kannst.

Das ist anders, als wenn du dir bewusst etwas merken willst, wie etwa deine neue Handynummer.

In allen Fällen sorgen aber starke Emotionen dafür, dass deine Aufmerksamkeit gesteigert wird. Das können positive Gefühle sein, wie Vorfreude, aber auch negative, wie Angst, Wut oder Scham. Zudem sorgen heftige Emotionen dafür, dass du dich nur noch auf einen Bruchteil der Situation fokussierst, diesen abspeicherst und nicht mehr das große Ganze sehen kannst.

Hast du beispielsweise diese peinliche Situation mit dem gescheiterten Referat mit deinem Schwarm vor Augen, damals, in der Mittelstufe, erinnerst du dich vielleicht noch ganz genau an den Ausdruck auf seinem Gesicht, das spöttische Grinsen und das Geräusch der verschiedenen Lacher deiner Mitschüler.

Was dein Gehirn ausgeblendet hat, waren möglicherweise weniger stark mit Emotionen besetzte Details, wie die vielen verständnisvollen Gesichter, das aufmunternde Lächeln deiner besten Freundin und der Gesang des Vogels in der Linde, der durch das offene Fenster hereindrang.

Das Erinnern soll dir beim Überleben helfen und so ist es nicht verwunderlich, dass Vorfälle, die als potentiell gefährlich für dich erscheinen, deutlicher und klarer abgespeichert werden als positive Ereignisse. Dazu gehören auch Situationen, die dich zwar nicht in deiner körperlichen Gesundheit bedrohen, aber seelisch für dich eine Gefahrenquelle darstellen. Dein Gehirn möchte dich davor schützen, dass du noch mal in eine solche Situation gerätst. Es speichert die negativen Marker ab, weil diese wichtige Hinweise dafür sind, wie du dich beim nächsten Mal verhalten solltest, um nicht wieder in eine solche Situation zu kommen.

Zudem liebt das Gehirn Assoziationen. Können wir neue Informationen mit etwas Bekanntem verknüpfen, merken wir es uns. Erleben wir nun verletzendes Verhalten, dass uns an früher erinnert, kann diese Erfahrung wunderbar and die früheren andocken und sich festsetzen. Zudem prägen wir uns Informationen leichter ein, wenn sie mit geliebten Personen in Verbindung stehen.

Dabei ist es wichtig zu wissen, dass wir nicht nur reine Informationen abspeichern, sondern auch Empfindungen. So speichern wir dann in der Referatssituation vielleicht die Scham und Nervosität ab, mitsamt aller körperlicher Erscheinungsformen wie dem trockenen Mund und den feuchten Händen. Ähnliches lässt sich bei Männern beobachten, die sehen, wie jemand einen Ball in den Schoß geschossen bekommt. Haben Sie diese Erfahrung selbst schon mal gemacht, zucken sie zusammen, unabhängig davon, ob eine Frau oder ein Mann getroffen wurde, und auch wenn sie selbst nur Zeuge des Vorfalls sind. Sie haben die Empfindung dazu abgespeichert.

Vielleicht hast du das selbst auch schon einmal erlebt, etwa wenn du einen Schmerzenslaut von dir gegeben hast, wenn sich jemand anderes beim Regal zusammenbauen einen Hammer auf den Daumen schlug. Auch hier macht sich die gespeicherte Empfindung bemerkbar.

Das Sortieren und Einordnen von Erinnerungen kann übrigens deutlich mehr Zeit beanspruchen, als wir uns vielleicht vorstellen können. Der Prozess kann nur wenige Minuten, aber auch Jahre, andauern. Das sollten wir im Hinterkopf behalten, wenn wir uns mit unserer Erinnerung auseinandersetzen.

Gut zu wissen: Autobiographisches Erinnern ist immer auch stark an Emotionen gebunden und wird zudem mit unseren neuen Erfahrungen und unserem aktuellen Kenntnisstand abgeglichen und verändert.

## Die Sache mit den Gefühlen

Du erinnerst dich also leichter an etwas, das dir – bedingt durch starke Emotionen oder extreme Auswirkungen auf dein Leben – besonders einprägsam in Erinnerung geblieben ist. Erinnerungen, die mit starken Emotionen verbunden sind, finden sich im episodischen Gedächtnis. Das heißt so, weil du anders als beim Faktengedächtnis nicht nur reine Informationen, wie zum Beispiel „Berlin ist die Hauptstadt von Deutschland" oder „der letzte Kaiser hieß Friedrich Wilhelm Viktor Albert von Preußen", abrufst, sondern ganze Episoden.

Deine Erinnerung umfasst also nicht nur Fakten, sondern einen kompletten Kontext und ist stark emotional geprägt. Emotionen gelten als wichtiges Verbindungselement zur Außenwelt und auch beim Erinnern spielen sie eine große Rolle.

Dabei muss ein Gefühl nicht unbedingt sehr intensiv sein, damit du dir die Information leichter merkst: Du hast sicher schon mal erlebt, dass du dich an etwas besser erinnern konntest, wenn es mit einer witzigen Story verknüpft war, als wenn du dir nur die reinen Fakten einprägen wolltest.

Je stärker eine Emotion allerdings ist, desto nachdrücklicher bleibt die Information auch erhalten. Dies kennst du sicher aus der eigenen Erfahrung: Der erste Schultag mit all seinen Emotionen ist dir stärker in Erinnerung geblieben als dein vierter, und auch das erste Weihnachten mit Kind ist dir in fast allen Einzelheiten im Gedächtnis geblieben, während du an dieses langweilige Weihnachten vor 5 Jahren gefühlt gar keine Erinnerung hast.

Diese Einprägsamkeit kannst du auch erzeugen, indem du häufig auf die Information oder die Erinnerung zurückgreifst. Vielleicht kennst du auch den Umstand, dass die Erinnerung dadurch manchmal sogar noch heftiger zu werden scheint. Das lässt sich leicht beobachten, wenn jemand von einem erschreckenden Ereignis erzählt und dieses Ereignis von Mal zu Mal immer gruseliger und dramatischer wird. Die Erinnerung wird quasi immer größer, je öfter man darüber redet. Das geschieht nicht unbedingt bewusst. Unser Gehirn genießt es einfach, wenn es Leute unterhalten kann und Aufmerksamkeit bekommt. Außerdem fällt die Erinnerung, wie bereits gesagt, leichter, wenn sie öfter abgerufen wird. Auch diesen Umstand solltest du im Hinterkopf behalten, wenn du etwas Loslassen möchtest, dass dir in deinem Leben nicht mehr dienlich ist.

Das Gemeine daran ist, dass du dich an negative Situationen leichter erinnerst, wenn du ohnehin in negativer Stimmung bist. Dadurch ist es auch so schwer, aus einem Teufelskreis der Trauer oder Enttäuschung auszusteigen: Du erlebst etwas Schreckliches, wie etwa eine Trennung, erinnerst dich dadurch aktiv an ähnliche Ereignisse oder erkennst diese Situation als etwas Ähnliches wieder, erlebst negative Gefühle, die dich an negative Dinge in deiner Vergangenheit erinnern, und so geht es immer weiter.

Zudem kannst du – wie alle anderen Menschen auch – in hektischen oder anstrengenden Situationen, in denen die negativen Emotionen in dir hochkochen, dazu neigen, in Schubladen zu denken und vereinfachte Denkmuster zu nutzen. Typische Gedanken wären dann so etwas wie: „Alle Männer sind Schweine! Ich habe sowieso nie Glück. Immer haben es die anderen leichter."

Solche Denkmuster sind sehr stark emotional aufgeladen und brennen sich besonders gut ein.

## Wir müssen uns nicht an alles erinnern

Unser Gehirn kann zwischen Erinnerung, sei sie aktiv oder passiv, und deiner jetzigen Situation meist gut unterscheiden. Das ist auch der Fall, wenn du dich sicht- oder spürbar körperlich erinnerst, du beispielsweise Gänsehaut bekommst, wenn du dich an den Einbruch in der Skihütte im vorletzten Wintersporturlaub erinnerst. Schließlich tauchen nicht nur erinnerte Fakten in deinem Gehirn auf – im Winterurlaub mit Robert wurde am 2. Tag in unsere Skihütte eingebrochen und wir mussten sogar die Polizei rufen – sondern auch die damit verbundenen Gefühle.

Es gibt keine klare Meinung darüber, ob das menschliche Gehirn über unbegrenzte Merkfähigkeiten verfügt. Der Spruch „Für diese unnütze Info wurde jetzt eine liebe Kindheitserinnerung gelöscht!" ist also möglicherweise gar nicht zutreffend. Viele Forscher auf dem Gebiet sind der Meinung, dass das Gehirn Erinnerungen einfach danach zusammenstellt, ob diese wichtig für dich sind oder nicht. Es findet also ein Auswahlprozess statt und die Aspekte, die als wichtig erachtet werden, stehen quasi vorne in deinem Erinnerungsregal und sind sehr leicht zugänglich, während andere Informationen erst zufällig in deinen Sinn kommen oder du regelrecht in deinen Gehirnwindungen danach kramen musst.

Zudem ist dein Gehirn auch nicht vor Fehlschlüssen gefeit. Christiane Stenger stellt in ihrem Buch „Wer lernen will, muss fühlen" ein Experiment vor, bei dem Probanden sich lebhaft an eine Ballonfahrt mit ihrem Vater erinnern konnten, weil ihnen eine Bildaufnahme von diesem vermeintlichen Erlebnis gezeigt wurde. Die angebliche Kindheitserinnerung hatte aber nichts mit der tatsächlichen Realität zu tun, denn die Bilder der Probanden als Kinder wurden nur in das Bild gesetzt und ihnen somit eine Fotomontage präsentiert.

Allerdings erinnern wir uns nicht immer aktiv an etwas. Sonst wäre unser Kopf so voll, dass wir gar keinen Platz mehr für das Hier und Jetzt hätten. Es ist durchaus angenehm, dass dein Gehirn eine Art Selektion vornimmt, sodass du nicht permanent zwischen Erinnerung und Gegenwart hin und her wechseln musst. Sicher weißt du, wie angenehm es sein kann, etwas Unwichtiges oder Unerwünschtes einfach zur Seite schieben zu können, und meist erledigt dein Gehirn diese Aufgabe gewissenhaft für dich.

Damit sind keinesfalls die Momente gemeint, in denen du nach einem schlimmen Streit die Flasche Rotwein köpfst, um endlich vergessen zu können, sondern der natürliche Auswahlprozess deines Kopfes, der dich vor einer Übermacht an Informationen schützt und nur vorne hält, was für dich und dein Leben wichtig ist.

Du kannst es mit einem Gepäckstück vergleichen: Auf einem Abenteuerurlaub ist ein Trekkingrucksack das richtige Gepäck für dich. All das, was du zum Überleben brauchst, trägst du auf deinem Rücken durch die Gegend, damit du es immer griffbereit hast – vom Fährtenmesser über die Sonnenmilch bis hin zum Wasserkanister. Deine Ausrüstung ist möglicherweise sogar überlebensnotwendig und du fühlst dich sicher damit. Kehrst du jetzt allerdings von deinem Abenteuerurlaub zurück und bewegst dich in deiner gewohnten Umgebung, etwa einer Großstadt, dann verändert sich die Wahrnehmung dieses Rucksacks. Trägst du ihn mitsamt der schweren Ausrüstung immer noch auf deinem Rücken, wenn du ins Büro radelst, einen Vortrag hältst, die Kinder von der Schule abholst oder mit deinen Freundinnen zum Sport gehst, dann wird der Rucksack lästig. Er behindert dich bei deinen Alltagsroutinen. Er wird dir auf Dauer zu schwer, weil du im Alltag, ganz andere Dinge zu erledigen und zu stemmen hast, als während deines Abenteuerurlaubs, und er schränkt dich in deiner Bewegungsfreiheit ein.

Ähnlich verhält es sich mit Erinnerungen, die für dich nicht mehr dienlich sind. Auch sie können dich beschweren, dich in deiner mentalen Beweglichkeit einschränken und dich in deinem Alltag so behindern, dass ein normaler Tagesablauf deutlich gestört wird. Doch im Grunde entscheidest du, ob du den Rucksack absetzt, oder ihn auch zum Blazer oder zur Yogahose anbehältst.

Auch diese Information ist wichtig für dich, wenn du dich mit dem Thema Loslassen beschäftigst, denn sie zeigt dir auf, dass du prinzipiell die Fähigkeit hast, Vergangenes hinter dir zu lassen und ad acta zu legen.

Dein Gehirn organisiert sich schließlich bei neu gemachten Erfahrungen immer wieder neu und auch deine Erinnerungen werden immer wieder von Neuem konstruiert. 86 Milliarden Nervenzellen stehen dir zur Verfügung, um dich in die Richtung zu entwickeln, die du für dich aussuchst und die du verfolgen willst.

Wenn du dich deinem eigenen Erinnerungsvermögen nähern willst, stelle dir doch einfach mal ein paar Fragen, wie jene, die du auf der untenstehenden Liste findest:

- Was ist deine allererste Erinnerung?
- Wie detailliert kannst du dich an diese Situation erinnern?
- Wie erinnerst du dich an bestimmte Situationen? Kommen dir Geräusche, Gerüche oder Bilder in den Kopf?
- Was spürst du bei deinen Erinnerungen? Sind Emotionen und körperliche Reaktionen an der Erinnerung beteiligt?

- An welche Zeiten in deinem Leben erinnerst du dich am meisten?
- Von welcher Zeit hast du vielleicht ganz wenige Erinnerungen?
- Ist dir schon mal aufgefallen, dass es bestimmte Themen oder Situationen gibt, an die du dich besonders detailreich erinnerst?
- Ist dir schon mal aufgefallen, dass es bestimmte Themen oder Situationen gibt, an die du dich so gut wie gar nicht erinnern kannst, selbst wenn du es versuchst?
- Hast du schon mal erlebt, dass sich jemand an eine gemeinsam erlebte Begebenheit ganz anders erinnert als du?

# Deine subjektive Erinnerung – wieso lohnt sich das Hinterfragen?

Hast du diese Fragen beantwortet, fällt dir sicher auf, wie subjektiv unsere Erinnerungen manchmal sein können. Daher ist es unheimlich hilfreich, seine eigenen Erinnerungen und Empfindungen immer mal wieder zu hinterfragen. Damit ist nicht gemeint, dass du deiner eigenen Wahrnehmung misstrauen sollst. Vielmehr geht es darum, dich zum bedachten Reflektieren anzuregen. Wir haben bestimmte Erlebnisse und Themen im Kopf, an die wir uns erinnern und die wir immer wieder abspielen. Daraus basteln wir uns ein Bild der Vergangenheit. In Wirklichkeit gibt es aber noch viel mehr: viel mehr Einzelheiten, viel mehr Aspekte, viel mehr Erinnerungen an genau dieses Ereignis durch die anderen Beteiligten. Unsere Erinnerungen sind gefärbt von unseren Bewertungen, individuellen Wahrnehmungen, Emotionen und vielem mehr.

Henri Stendhal meinte dazu: „Das Gedächtnis ist ein sonderbares Sieb: Es behält alles Gute von uns und alles Üble von den andern!" Das ist jedoch gerade bei unsicheren Menschen nicht die Regel, sondern verhält sich da womöglich genau umgekehrt. Aber es wird klar, dass wir Annahmen über unsere Mitmenschen treffen, die auf unseren Erinnerungen aufbauen. Diese Erinnerungen können nicht ganz der Wahrheit entsprechen oder sogar komplett falsch sein. Darum kann es hilfreich sein, vergangene Erlebnisse neu zu beleuchten und das Erlebte zu hinterfragen:

- War es tatsächlich so, wie ich es damals wahrgenommen habe?
- Was kann in meine Wahrnehmung mit hineingespielt haben?
- Wie wurde meine Erinnerung beeinflusst?
- Kann ich diese Faktoren bei einer heutigen Betrachtung außen vor lassen?

Mit diesen Fragen im Hinterkopf kannst du mitunter relativ leicht herausfinden, wie du es mit Stendhals Aussage hältst, ob prinzipiell immer die anderen Schuld sind, oder ob du dazu neigst, dir an allem was passiert, die Schuld zuzuschreiben.

Durchschaust du diese Neigungen, kannst du deine Erinnerungen dahingehend überprüfen und sicherlich schon so manches geraderücken, was bis dahin noch eine leichte Schieflage hatte und dich womöglich unnötig gekränkt, frustriert oder belastet hat.

# Arbeit mit dem Inneren Kind zum besseren Verständnis deiner Vergangenheit

Vielleicht bist du mit dem Konzept des Inneren Kindes vertraut: Dieses theoretische Konzept findet in der Psychotherapie und

Psychiatrie Anwendung und soll dem Anwender dabei helfen, Kontakt zu seinen kindlichen Anteilen aufzunehmen. Das Innere Kind dient dabei als Bild oder Metapher für das frühere Selbst des Nutzers und wird als innere Instanz angesehen. Neben dem Inneren Kind gibt es je nach Konzeptauslegung das erwachsene Ich der Person und eventuell noch weitere Helferinstanzen. Das Innere Kind steht für alle in der Kindheit gemachten Erfahrungen, für all die in diesem Lebensabschnitt erworbenen Denkmuster und gemachten Emotionen.

Diese können sowohl negativ als auch positiv sein. So kann dir die Arbeit mit dem unbeschwerten Inneren Kind beispielsweise dabei helfen, zu einem kreativeren, unbekümmerteren Leben zurückzufinden – ausgestattet mit einer angenehmen Portion Neugierde und Begeisterungsfähigkeit, der Freude am Spiel und der Unvoreingenommenheit, Neues auszuprobieren.

Sehr häufig wird die Arbeit mit dem Inneren Kind allerdings dazu genutzt, negative Glaubenssätze, die in der Kindheit oder Jugend erworben wurden, aufzulösen, oder erlernte Weltanschauungen auf ihre Auswirkungen zu überprüfen. Während das Kind, bedingt durch seine Abhängigkeit von seinen Bezugspersonen, oft keine Wahlmöglichkeiten hatte und sich in irgendeiner Form anpassen musste, kann nun das erwachsene Ich mit seiner gewonnenen Lebenserfahrung auf die Situationen von damals schauen. Es kann das Innere Kind in Schutz nehmen, es trösten und stärken, damit es sich geborgen fühlt und erlernte Schutzmechanismen aufgeben kann, die ihm heute möglicherweise nicht mehr dienlich sind.

Die Arbeit mit dem Inneren Kind kann uns also ebenfalls gut darin unterstützen, zu verstehen, wieso wir Dinge auf eine bestimmte Art wahrnehmen. Sie hilft auch dabei, wiederkehrende Muster und Glaubenssätze aufzudecken, die Ursachen für diese Sätze und Muster zu finden, und zu verstehen, dass wir diese zwar fest verinnerlicht haben, sie aber nicht immer alle so stimmen müssen. Zu guter Letzt kann die Arbeit mit dem Inneren Kind zur Erkenntnis führen, dass es sich lohnt, diese eingeschliffenen Muster zu hinterfragen und aufzubrechen.

Sie eignet sich sehr gut für Personen, die dazu neigen, sehr streng mit sich umzugehen. Haben Menschen in ihrem Leben viel Härte erfahren und sind sie daran gewöhnt, sich selbst gegenüber mit viel Härte zu handeln, kann ihnen ein direkter Zugang zu ihren inneren Stacheln möglicherweise schwerfallen. Der Gedanke, sich um ein kleines Kind zu kümmern, fällt vielen Leuten leichter; es macht sie weicher und verständnisvoller. Auch haben viele Menschen mit einem kleinen Kind deutlich mehr Geduld als mit Erwachsenen – vor allem wenn sie selbst diese Erwachsenen sind. Während man sich selbst einfach mal so ein: „Mensch Meier, jetzt stell dich doch nicht an wie eine Transuse! Das musst du doch jetzt mal begriffen haben! Jetzt erinnere dich an deine Wunden und dann zackzack!", hinknallen würde, würde niemand von uns so mit einem Kind reden.

Kannst du dich auf das Gedankenspiel mit den verschiedenen Instanzen einlassen, ist das Konzept des Inneren Kindes also wunderbar dazu geeignet, sich bei dem Prozess des Loslassens mit viel Fürsorge zu begegnen, Hilflosigkeit und Überforderung anzuerkennen und sich zu beruhigen, statt unter Druck zu setzen.

Auch wenn manche Erinnerung sehr fordernd für dich sein kann, vermag dich die Arbeit mit dem Inneren Kind zusätzlich zu unterstützen, indem du dich immer wieder im Hier und Jetzt verorten und deinem Inneren Kind bewusst machen kannst, dass es in Sicherheit ist und auch negative Situationen für euch zu meistern sind.

# Klarer Blick, klares Ziel

Nicht immer ist es ganz einfach, in dem Wust an Vergangenheit das herauszufiltern, was tatsächlich Beachtung und

Bearbeitung bekommen sollte, und nicht auf Themen einzugehen, die nur scheinbar im Vordergrund sind, oftmals aber nur als Platzhalter dienen.

Bemerkst du, dass einige Erinnerungen und Emotionen sehr diffus daherkommen oder es dir mitunter nicht leicht fällt, dich an bestimmte Dinge zu erinnern, kann es helfen, neue Wege einzuschlagen, um sich den eigenen Erinnerungen zu nähern. Dabei ist es wichtig, nicht immer kopflastig vorzugehen! Wie oft kauen wir die gleichen Themen hundertmal durch, kommen nicht weiter und schieben dadurch auch Themen zur Seite, die dringend unserer Aufmerksamkeit bedürfen?

Es ist toll, wenn du dir vorgenommen hast, deine Erinnerungen zu überprüfen und bei Bedarf vielleicht sogar geradezurücken. Bereits dadurch kannst du schon etwas Erleichterung erfahren. Wenn du dich aber damit unter Druck setzt, kann es sein, dass sich ein Teil in dir dagegen wehrt.

Die wenigsten von uns arbeiten gut unter Druck, und fast alle fühlen sich gestresst, wenn sie von einer auf die andere Minute funktionieren sollen. Bitte erwarte das deshalb auch nicht von deinem Kopf. Statt rein logisch an die Sache heranzugehen – Ich werde mich jetzt erinnern, dann werde ich diese Erinnerungen mit verschiedenen Methoden auf ihren Wahrheitsgehalt hin überprüfen und dadurch vielleicht schon Missverständnisse aufdecken, bevor ich mich aktiv dafür entscheide, mit einer positiveren Denkweise und einem neuen Bewertungssystem an die Sache heranzutreten, um dann vollkommen entspannt mit dem Loslassen der verbleibenden Themen zu beginnen – probiere verschiedene Arten aus, dich dem Ganzen anzunähern. Statt dich mit Stift und Notizblock zum Denken und Erinnern hinzusetzen und dich dann zu wundern, warum dir so gar nichts einfällt, greife zu kreativeren Methoden: Vielleicht kannst du zu bestimmten Zeiträumen oder Themen deiner Vergangenheit etwas malen oder eine Collage kleben und anschließend schauen, welche Muster und zentrale Themen sich hervortun. Vielleicht kannst du, wenn du dich an bestimmte Situationen erinnerst, andere Leute mit ins Boot holen und sie darum bitten, ihre Wahrnehmung der Geschichte zu schildern. Möglicherweise tauchen dabei Einzelheiten auf, an die du dich nicht erinnern kannst oder die du schlicht nicht wusstest, die dir aber dabei helfen, die Situation in einem neuen Licht zu betrachten. Das können ganz kleine Sachen sein, aber auch große.

Vielleicht liegt dir bis heute dein 13. Geburtstag schwer im Magen, weil du ihn mit einer großen Fete begehen wolltest und deine Eltern dir kurz vorhe sagten, dass du nur 2 gute Freundinnen einladen dürftest. Deine Schwester durfte ihren Eintritt ins Teenagerleben zwei Jahre später hingegen mit einer großen Sause feiern. Du fühltest dich deswegen von deinen Eltern immer etwas zurückgesetzt und weniger geliebt, wolltest aber auch nicht albern sein und hast das Problem daher nicht angesprochen.

Bis heute trägst du aber diese ungute Gefühlsmischung aus Neid, Verletzung und Unsicherheit mit dir herum. Du fragst dich, warum du deinen Eltern weniger wert warst als deine Schwester. Gibst du dir einen Ruck und sprichst das Ganze an, wirst du vielleicht verblüfft sein, wie erstaunt die anderen Beteiligten sind, dass dir dieses Ereignis immer noch auf der Seele brennt. Dies ist sehr häufig bei persönlichen Verletzungen der Fall, denn vielleicht wurde etwas, was du sehr schwergenommen hast, von der anderen Person nur so dahingesagt, traf bei dir aber gerade einen Nerv, einen wunden Punkt. Deshalb konnte der Stachel besonders tief eindringen und die Erinnerung an diese Situation ist stärker und niederschmetternder als bei anderen.

Erfährst du nun im Gespräch mit deinen Eltern oder Großeltern, dass deine Familie zu deinem 13. Geburtstag finanziell unheimlich schlecht dastand und ihr sogar fast die Wohnung verloren hättet, die Eltern dich und deine Geschwister aber nicht mit diesen Themen belasten wollten – schon gar nicht an deinem Geburtstag – kannst du ihre

Entscheidung plötzlich aus einem ganz anderen Blickwinkel sehen. Das ist deutlich aufschlussreicher, als wenn du das 325. Mal über die Sache nachgedacht hättest und die Dialoge im Kopf durchgegangen wärst.

Das bedeutet natürlich nicht, dass der Austausch mit anderen ein Allheilmittel ist oder du ihre Wahrnehmung ungefiltert als objektiv betrachten solltest. Auch die Wahrnehmung anderer Personen ist natürlich durch einen persönlichen Filter gefärbt, und wie du bereits erfahren hast, tragen unheimlich viele unterschiedliche Faktoren dazu bei, wie ein Mensch eine Situation wahrnimmt, bewertet und anschließend auch erinnert.

Aber es kann durchaus auch bereichernd sein, ein und dasselbe Ereignis rückblickend durch die Augen anderer Leute zu betrachten, da es dir dabei helfen kann, mehrere Blickwinkel einzunehmen. Hast du einen klaren Blick auf eine Situation, wird auch dein Ziel um einiges klarer. Du kannst leichter bestimmen, was dich an welcher Situation gestört oder verletzt hat, was dich bis heute belastet und was möglicherweise dazu beiträgt, dass du nicht loslassen kannst.

## Weitere Methoden, um deiner Erinnerung auf die Sprünge zu helfen

Es gibt noch viele weitere Ansätze, mit denen du dich zurückerinnern kannst, und die dir, je nach Tagesform und Situation, wahrscheinlich unterschiedlich stark zusagen werden. Probiere dich aus, wenn du dich einem Stachel näherst. Scheue dich nicht, eine Methode zur Seite zu schieben, wenn sie gerade nicht passt. Loslassen lässt sich auf viele Arten üben und das Auslassen von Methoden, die aktuell nicht für dich passen, ist bereits ein Teil davon. Folgende Techniken und Methoden kannst du nutzen, um deiner Erinnerung auf die Sprünge zu helfen:

## Rollenspiel

Hast du keine Möglichkeit mehr, mit Leuten aus deiner Vergangenheit zu reden, kannst du in einem Rollenspiel verschiedene Positionen einnehmen und versuchen, ein und dieselbe Situation aus der Sicht verschiedener Familienmitglieder zu betrachten, beziehungsweise die Rolle anderer Beteiligter einzunehmen. Du kannst auch Freunde bitten, die Rolle einer bestimmten Person einzunehmen.

Vielleicht ist auch eine Familienaufstellung etwas für dich? Diese Methode wird in der systemischen Therapie angewandt und es gibt verschiedene Ansätze. In der Regel platzierst du in einem geschützten Raum sogenannte Stellvertreter, die die Rollen deiner Familienmitglieder einnehmen, und setzt sie in Beziehung. So kannst du direkt vor dir sehen, wie das Beziehungsgeflecht in eurer Familie auf dich gewirkt hat. Dynamiken in einer Gruppe werden dadurch meist klarer. Auch du selbst hast einen Stellvertreter, der deine Rolle für dich einnimmt, sodass du von außen beobachten und den Abstand wahren kannst. Die Stellvertreter erfahren nicht viel über die Vorgeschichte deiner Familie, sondern berichten einfach, welche Emotionen ihre Position in dieser Aufstellung in ihnen weckt.

Deine Aufgabe bei dieser Übung ist es, folgende Fragen an dich zu stellen und diese auch zu beantworten: Was für Gefühle steigen dabei in dir auf? Macht sich, neben deinem Kummer und deiner Wut, auch ein leises Verständnis für die andere Seite breit?

Dieser Prozess ist wichtig, wenn es später darum geht, die einzelnen Schritte des Loslassens durchzugehen.

## Kunst und Literatur

Nicht umsonst wird Erinnerung auch als Kunst bezeichnet. Patrick Modiano widmet dem Erinnern mit dem Titel „Die

Kunst der Erinnerung" ein ganzes Buch und formuliert, dass es ihm schien, als könnten das Schreiben und die Phantasie mithelfen, diese Rätsel und Geheimnisse endlich zu lösen. Modiana meint mit den Rätseln und Geheimnissen den Zusammenhang zwischen seinen Büchern und seiner Kindheit.

Auch du kannst diese Techniken nutzen, um mit deiner Kindheit in Kontakt zu kommen und Verstecktes wieder an die Oberfläche zu holen. Nicht nur das Schreiben von Tagebüchern, Minutenseiten oder Briefen, sondern auch das Lesen geliebter Kinderbücher oder das Betrachten eines favorisierten Bilderbuches, können dich in die gewünschte Zeit zurückkatapultieren. Oder erinnert dich ein bestimmtes Gemälde oder ein Künstler an dein Elternhaus? Hing bei deiner Oma vielleicht ein Kunstdruck von Picasso, unter dem ihr jedes Weihnachten zusammengekommen seid und unter dem die Trennung deiner Eltern verkündet wurde? Oder hat dein Exmann Monet verehrt, sodass ihr eure Hochzeitsreise nach Giverny zum Haus des Künstlers unternommen habt und die Bilder des Impressionisten dich sofort an deinen Ex und eure Ehe erinnern?

## Sinnliche Reise in die Vergangenheit

Um deine Erinnerung anzuregen, kannst du auf sinnliche Weise in der Zeit zurückreisen, indem du die Musik anmachst, die du früher gehört hast. Du hast ja bereits gelernt, dass deine Sinne maßgeblich am Bilden der Erinnerung beteiligt sind, und oftmals weckt ein bestimmter Duft oder ein bekannter Geschmack eine fast verloren geglaubte Erinnerung.

Musik als Medium der Erinnerung ist sehr kraftvoll, weil wir häufig bestimmte Situationen und Zustände an ein Lied knüpfen und mit Hilfe der Musik quasi direkt wieder in die Vergangenheit eintauchen können – mitsamt all der Emotionen und Gedanken, die wir damals hatten.

Nostalgische Gefühle kommen vielleicht auch auf, wenn du alte Fernsehsendungen und Filme schaust oder in deinem Lieblingsbuch von früher schmökerst. Auch das Lesen von Briefen oder Tagebüchern kann dir helfen, Kontakt zu deinem früheren Selbst herzustellen und dich somit leichter an den bis heute schmerzhaften Stachel zu wagen. Diese Reise in die Vergangenheit kann dir auch eine gewisse Leichtigkeit, eine angenehme Form der Nostalgie, bescheren, die dir den Mut gibt, dich zu öffnen, Verborgenes zu erforschen und bekannte Pfade zu verlassen.

Auch mit Essen kann für viele Menschen eine direkte Verbindung zur Kindheit oder Jugend hergestellt werden – etwa durch eine Schale mit dampfendem Milchreis, bestreut mit süß duftendem Zimt und Zucker, oder durch die Anti-Kater-Pommes auf dem Heimweg nach einer durchtanzten Nacht mit den liebsten Freundinnen.

# Meditation

Um deiner Erinnerung auf die Sprünge zu helfen, kannst du auch eine geführte oder freie Meditation verwenden, die dich in die Zeitspannen zurückversetzt, in der du den Ursprung für deine heutige Wunde vermutest. Es gibt auf dem Markt und im Netz zahlreiche geführte Meditationen zu den unterschiedlichsten Themengebieten, sodass du so lange suchen kannst, bis du eine Aufnahme findest, die dir rundherum zusagt. Das ist wichtig, wenn du dich ganz auf die Meditation einlassen möchtest. Bemerkst du, dass du die Hintergrundmusik auf der Aufnahme als störend empfindest, oder stresst dich die Stimmlage des Sprechers, dann probiere einfach eine andere geführte Meditation aus. Es ist wichtig, dass du dich so wohl wie möglich fühlst. Neben dem Inhalt der Meditation können auch die Stimmfarbe, die Wortwahl und die Intonation dazu beitragen, dass du dich auf die

Meditation einlassen kannst, oder eben nicht. Deshalb ist es gut, wenn du genau auf dich achtest und für dich reflektierst, wie du auf die ersten Minuten der Aufnahme reagierst. Hast du eine Meditation gefunden, mit der du arbeiten kannst, sorge dafür, dass du eine Zeit lang ungestört bist und dich an einen ruhigen und angenehmen Ort zurückziehen kannst.

> Wichtig:
>
> Menschen, die mit Meditation vertraut sind, können mitunter überall meditieren und sich in sich versenken. Aber gerade weil du dich aktiv deinen Erinnerungen nähern möchtest und vielleicht noch nicht abschätzen kannst, wie die Meditation auf dich und dein Gefühlsleben wirken wird, ist es wichtig, dass du weißt, dass du dich in einem geschützten Raum befindest. In diesem darf alles sein, wie es ist. Dies gilt auch für all die anderen vorgestellten Methoden, mit denen du dich deiner Erinnerung näherst. Wenn Gefühle in dir hochsteigen, kannst du sie bemerken, anerkennen und beobachten. Vielleicht möchtest du auch lachen oder weinen. Vertraue auf dein Bauchgefühl und verurteile dich nicht für Emotionen, die du möglicherweise als unpassend oder albern bewertest, sondern sei dir selbst eine verständnisvolle und liebevolle Begleitung.
>
> Der Ausspruch von Leo Buscaglia: „Zu oft unterschätzen wir die Kraft einer Berührung, eines Lächelns, eines netten Wortes, eines offenen Ohrs, eines ehrlichen Kompliments oder des kleinsten Akts der Fürsorge. Alles, was das Potenzial hat, das Leben in eine andere Richtung zu lenken", gilt auch für dich selbst, und das auch, wenn du dich mal selbst mit unerwarteten Emotionen oder anderen Reaktionen überraschen solltest.

## Neuer Blick auf alte Themen

Hast du dich deiner Vergangenheit auf verschiedenem Wege genähert, wirst du feststellen, dass du möglicherweise einen ganz neuen Blick auf alte Themen gewonnen hast. Sich zu fragen, wie das Ganze aus einem anderen Blickwinkel aussieht, lässt viele Probleme gleich etwas kleiner oder weniger erschlagend und überwältigend wirken, sodass sie sich auch in deinem Alltag nicht mehr so breit machen können. Der Stachel lockert sich also im übertragenen Sinne bereits, wenn du beginnst, deine abgespeicherten Erinnerungen zu hinterfragen und Themen wie Schuld oder Scham mit Abstand zu betrachten.

Wenn du die verschiedenen Hilfestellungen nutzt, die es dir ermöglichen, eine andere Perspektive zu erleben, wächst dein Aktionsradius mit einem Mal ganz enorm, und eine sehr drückende Erfahrung, die mit Gefühlen der Beklemmung oder Enge verknüpft war, gewinnt an Weite. So kannst du dir bewusst machen, dass es viel mehr gibt als diesen einen Ausschnitt, den du damals abgespeichert hast, und der wie ein Damoklesschwert bis heute über dir hängt und dich belastet. Der neue Blick auf alte Themen hilft dir dabei, Dinge zu relativieren, ihnen vielleicht ein wenig von der Schwere zu nehmen, die sie ein Leben lang für dich hatten, und auch, sie neu einzusortieren.

Diese Form der Neubewertung kann maßgeblich dazu beitragen, Ballast abzubauen, denn vielleicht ergibt sich schon während dieses Teils des Prozesses ein Aha-Moment, bei dem du feststellst: „Moment mal, das Problem ist gar nicht meins! Da habe ich etwas übernommen und zu meinem eigenen gemacht!", oder, „Ja, damals war ich hilflos, aber das bin ich jetzt nicht mehr. Stattdessen habe ich eine so große Kraft, dass mir die Dinge von damals nichts mehr anhaben können!"

Vielleicht werden frühere Probleme also so klein, dass es gar nicht mehr notwendig ist, sie loszulassen, weil sie sich von selbst auflösen und aus deinem Leben verabschieden.

# Hilfestellung von außen

Manchmal kann es auch angebracht sein, Hilfestellung von außen zu bekommen. Dies gilt insbesondere dann, wenn kein oder nur ein sehr eingefahrener Austausch mit den Leuten aus deiner Vergangenheit möglich ist oder du dich – obwohl du dich damit befassen möchtest – mit dem Thema überfordert fühlst. Ein Coach oder ein Psychologe können die richtigen Ansprechpartner für dich sein. Das bedeutet keinesfalls, dass du verrückt bist oder mit deinem Leben nicht mehr klarkommst, auch wenn sich dir diese Gedanken möglicherweise aufdrängen, wenn du mit dem Gedanken spielst, mit einem Psychologen, Therapeuten oder Coach zu sprechen.

Vielmehr bedeutet es, dass du gut einschätzen kannst, wann du alleine nicht weiterkommst und es ratsam wäre, Hilfe von außen anzunehmen. Wenn du dir eine Erkältung eingefangen hast, weißt du, mit welchen Hausmitteln du sie wieder in den Griff bekommst und kannst mit Bettruhe, Tee und Nasendusche viel zur Verbesserung deiner Situation beitragen. Hast du allerdings mit einer Lungenentzündung zu kämpfen, die du nicht alleine auskurieren kannst, wäre es äußerst fahrlässig, dich nicht an einen Arzt zu wenden und gegebenenfalls ein Krankenhaus aufzusuchen, um die medizinische Unterstützung zu erhalten, die du brauchst, um wieder zu genesen.

Ähnlich verhält es sich bei seelischen Verletzungen. Viele kannst du selbst heilen, bei einigen bist du aber auf die Hilfe von ausgebildetem Fachpersonal angewiesen, das dich durch diesen Prozess begleiten kann. Ein großer Vorteil daran ist, dass du Impulse von einem fachlich versierten Menschen bekommst und du dadurch möglicherweise viel schneller lernst, besser mit deiner Situation umzugehen, anstatt dich sehr lange alleine damit herumzuschlagen.

Ein wichtiger Schritt auf dem Weg zu einem freien Selbst, ist anzuerkennen, dass jeder Mensch mal Hilfe braucht. Dann geht es darum, den Wunsch nach Unterstützung auch zu formulieren und sich damit an die richtigen Leute zu wenden. Mitunter sitzen wir dem Irrglauben auf, dass bestimmte Leute in unserem Leben – der Partner, die Mutter, die beste Freundin – uns bei unseren Problemen helfen können und uns auch helfen wollen sollten. Dies ist aber nicht immer der Fall. Nicht immer kann die entsprechende Person die Hilfestellung so leisten, wie es für uns gerade gut wäre, und das kann ganz unterschiedliche Gründe haben.

Wichtig für dich ist es dann, dich nicht immer wieder an diese Person zu wenden, in der Hoffnung, dass du endlich die Hilfe, den sicheren Hafen, findest, den du dir von diesem Menschen erhoffst. Vielmehr geht es darum, zu akzeptieren, dass du dort aktuell nicht das findest, was du brauchst, und dass es an dir liegt, einen geeigneten Ansprechpartner zu finden. Ein Coach oder Therapeut kann dich unvoreingenommen unterstützen. Auch wenn die Wartezeiten auf einen Therapieplatz manchmal sehr lang sein können, lohnt es sich, diesen Schritt zu gehen. Schließlich schlägst du dich ja auch schon lange mit diesem Thema herum. Zudem gibt es in den meisten Städten niedrigschwellige Angebote wie Beratungsstellen oder eben Coaches, bei denen du nicht so lange warten musst.

Ein paar hilfreiche Fragen zum Abschluss des Kapitels:
- Wo habe ich das Gefühl, mehr Klarheit zu brauchen?
- Gibt es Personen, die ich bei diesem Prozess um Hilfe bitten kann?
- Möchte ich vielleicht Hilfe von außen in Anspruch nehmen?

- Besteht dieser Wunsch, aber scheue ich mich davor?
- Wieso scheue ich mich davor?
- Gibt es noch andere kreative Ansätze, die ich gerne ausprobieren möchte?
- Welcher der vorgestellten Ansätze spricht mich am meisten an?
- Bin ich sehr streng mit mir, wenn ich in diese Rückschau gehe?
- Könnte ich mir vorstellen, mit dem Konzept des Inneren Kindes zu arbeiten?
- Erlebe ich die Neubewertung als etwas Positives oder fällt es mir schwer, diese überhaupt anzunehmen?
- Bemerke ich, dass einige Probleme durch den neuen Blickwinkel gar nicht mehr so riesig aussehen?
- Wie fühlt sich diese Erkenntnis an?

# Von welchen Dingen oder Themen möchtest du dich verabschieden?

Du hast gemerkt, dass dir etwas aus deiner Vergangenheit nachhängt, etwas, das in deinem heutigen Leben einen zu großen Stellenwert einnimmt, der ihm eigentlich gar nicht mehr zusteht oder zustehen sollte. Aber was genau ist dieses Etwas, was dich nicht dein volles Potenzial leben lässt? Was nimmt dir die Kraft und Konzentration, dich auf das zu fokussieren, was dir eigentlich wichtig ist? Du bist zwar schon durch das Einnehmen von verschiedenen Positionen und Perspektiven etwas in deine Vergangenheit eingetaucht und konntest dich diesem Abschnitt deines Lebens wieder mehr nähern, aber nun ist es wichtig, dir klar zu werden, was du wirklich verändern beziehungsweise loslassen möchtest. Vielleicht fallen dir 1000 Dinge ein, vielleicht auch gar nichts, aber weder das eine noch das andere lässt sich in die Tat umsetzen.

Dieses Kapitel soll dir dabei helfen, dir bewusst zu machen, von welchen Dingen du dich wirklich lösen möchtest.

Dazu kann es hilfreich sein, sich die Dinge oder Situationen genau anzuschauen und wirklich konkret zu benennen. Du kennst das sicher: Du kommst in ein Hotelzimmer und es wirkt überhaupt nicht behaglich auf dich. Du kannst jedoch nicht genau sagen, ob es die Inneneinrichtung, die Farbe der

Wand oder die Dekoration ist, die dich an ihm stört. Fakt ist, du fühlst dich einfach nicht wohl. Leider kannst du in diesem Fall auch nicht viel an deiner Lage ändern, sondern musst wohl oder übel für die Dauer deines Aufenthalts mit diesem Umstand vorliebnehmen.

Wie viel angenehmer wäre es jedoch, wenn du mit ein paar Handgriffen aus einem ungemütlichen Raum eine kleine Wohlfühloase machen könntest, die deinen Urlaub rund um die Uhr zu einem echten Genuss werden ließe? Wenn du weißt, dass du dich beengt fühlst, wenn der Nachttisch direkt neben dem Kopfende steht und du lieber einen freien Blick auf die Fenster hast, kannst du den Tisch etwas abrücken und den Stuhl an die Seite stellen, um optisch mehr Raum zu schaffen. Um in deinem Inneren mehr Raum zu schaffen, benötigst du ebenfalls ein paar Richtlinien, an denen du dich orientieren kannst.

Etwas zu verändern, was schon lange in dir wohnt und vielleicht sogar bereits zu einem Teil von dir geworden ist, ist allerdings nicht immer so einfach, wie in einem Zimmer ein paar Sachen umzustellen – und selbst da weißt du sicher, wie lange es dauert, bis man endlich die kaputte Glühbirne austauscht oder sich endlich mal traut, das Bett an die andere Wand zu stellen.

Manchmal tragen wir unsere Themen schon so lange mit uns herum, dass sie mit uns zu verschmelzen scheinen und von uns fast schon als gegeben hingenommen werden. Dann kann die Auslotung des Ganzen eine gehörige Portion Ausdauer und Mut erfordern.

Vielleicht kannst du den Finger aber bereits genau darauf legen, was bei dir im Vordergrund steht? Handelt es sich dabei um ein konkretes Ereignis oder etwas Größeres?

Ganz gleich, wie groß dein Thema ist, es ist wichtig, dir Klarheit darüber zu verschaffen. Je klarer dein Blick auf die

Dinge ist, desto leichter kannst du dich ihnen nähern und desto weniger wirst du auf diesem Weg über unerwartete Stolpersteine fallen.

Darum stelle dir vorab erst einmal folgende Fragen:

- Welche Themen stehen bei mir im Vordergrund?
- Warum habe ich dieses Buch in die Hand genommen?
- Was möchte ich loslassen?
- Welches Thema hat oberste Priorität, belastet mich am meisten, macht mir besonders zu schaffen, möchte ich am dringendsten loslassen?
- Handelt es sich dabei um ein konkretes Ereignis?
- Kann ich diesen Punkt beschreiben oder ist es eher ein diffuses Gefühl?
- Taucht das Thema immer wieder in meinem Leben auf, vielleicht in unterschiedlicher Gestalt?
- Gibt es ganze Zeiträume in meinem Leben, die mir bis heute Schwierigkeiten machen?
- Hat dieser Aspekt meines Lebens heute noch Auswirkungen auf mich?
- Wenn ja, wie wirkt sich dieses Ereignis heute auf mich aus?
- Warum möchte ich das Thema loslassen?
- Habe ich schon versucht, das Thema loszulassen und konnte diesen Versuch nicht zufriedenstellend umsetzen? Warum gelingt mir das nicht?
- Gibt es möglicherweise versteckte Vorteile, wenn ich in alten Mustern verharre? Was habe ich davon, wenn ich den Stachel nicht ziehe?

## Konkrete Ereignisse identifizieren

Möchtest du dich deinen Themen nähern, ist der erste Schritt das klare Benennen dieser offensichtlichen oder versteckten Traumata, die dich in deinem Leben belasten. Konkrete Ereignisse zu identifizieren, gelingt dir wahrscheinlich recht gut. Diese können sehr offensichtlich und einschneidend in deinem Leben gewesen sein, wie etwa eine Scheidung, der Verlust der Arbeitsstelle oder ein Wohnortwechsel, mit dem du dich bis heute nicht wohlfühlst.

Es kann sich aber auch um kleinere Themen handeln, wie etwa eine Kränkung durch deine Chefin vor versammelter Belegschaft, die dich bis heute schmerzt, ein Unfall, der dich nicht nur kurzfristig aus der Bahn geworfen, sondern in eine anhaltende Verunsicherung deiner eigentlichen körperlichen Gesundheit gegenüber gestürzt hat, oder eine Schreckminute im Supermarkt, in der du dein Kind kurzzeitig nicht wiedergefunden und dich danach wie die allergrößte Rabenmutter gefühlt hast.

Lassen sich deine Themen auf ein bestimmtes Ereignis zurückführen, ist das zwar im ersten Moment unangenehm, da du dich mitunter nicht gerne an dieses Erlebnis erinnern möchtest. Da es sich aber um eine konkrete Situation handelt, hast du es vermutlich insgesamt leichter, das Geschehene nochmal in deine Wahrnehmung zu holen und dich daran zu erinnern. Durch diesen Umstand hast du die Chance, das Ganze kritisch zu hinterfragen. Du kannst überprüfen, wie du die Situation damals bewertet hast und wie du es heute tun würdest:

Als du damals dein Kind für einen kurzen Moment nicht finden konntest, dir diverse Horrorszenarien durch den Kopf schossen und du mit knallrotem Kopf, schwitzigen Händen und bummerndem Herzen durch jeden Gang ranntest, nur um dein Allerliebstes dann innerhalb weniger Minuten in eine Kinderzeitschrift versunken am Zeitschriftenregal vorzufinden, gab es keinen Platz für rationale Überlegungen. Die Angst um dein Kind wechselte sich allerhöchstens ab mit katastrophisierenden Gedanken, Selbstvorwürfen, Scham sowie Wut auf dich und dein Kind. Wenn dieses Erlebnis bei dir dazu geführt hat, dass du dich für eine schlechte Mutter hältst, die es nicht mal schafft, ihre Einkäufe zu erledigen und dabei ihr Kind im Auge zu behalten, kann sich das zu einer Grundeinstellung auswachsen, die dir vorgaukelt eine Person zu sein, die du nicht bist. Aus Angst vor der Wiederholung dieses Ereignisses bist du danach vielleicht deutlich besorgter geworden, wenn du mit dem Nachwuchs unterwegs warst, hast strengere Vorschriften gemacht, das Kind an dich gebunden oder überbehütet.

Du hast zwar gemerkt, dass dies euer entspanntes und natürliches Verhältnis belastet, aber du wolltest um keinen Preis der Welt nochmal erleben, dass dein Allerliebstes weg ist und du nicht weißt, wo es ist. Angst ist ein schlechter Ratgeber und kann einen Menschen dazu bringen, Dinge zu tun, die er in einem rationalen Zustand niemals tun würde. Hat das Ereignis dich quasi in dauernde Alarmbereitschaft versetzt, führt das dazu, dass du gar nicht mehr in einen entspannten Umgang mit deinem Liebling zurückfinden kannst.

Damals konntest du diesen Aspekt gar nicht erkennen und einen neutralen Blickwinkel möglicherweise nicht einnehmen. Vielleicht ist es dir aber jetzt möglich, im Hinblick auf das Ereignis neue Perspektiven wahrzunehmen und deine damalige Wahrnehmung des Geschehens auf Wahrheitsgehalt und Auswirkungen zu überprüfen: Bist du wirklich eine Rabenmutter, wenn dein sicher gebundenes Kind sich so wohl in der Welt fühlt, dass es seine nähere Umgebung erkundet, weil es weiß, dass du ohnehin immer für es da sein wirst und es beschützt?

Was sind die Auswirkungen, die deine damalige Wahrnehmung auf dich hatte und vielleicht auch noch bis heute auf dich hat? Bist das wirklich du, jetzt und hier, oder ist das diese Idee von dir, die sich aufgrund dieses Erlebnisses in deinem Kopf festgesetzt hat?

Oftmals ist es bei solchen Überlegungen recht interessant, andere Personen um ihre Einschätzung der Situation zu bitten: Frag in deinem Freundeskreis nach, welche Mütter Ähnliches erlebt haben. Du wirst erstaunt sein, wie viele nach und nach eine ähnliche Geschichte aus ihrer Erinnerung hervorkramen werden, und es wird dich auch verwundern, wie unterschiedlich die Bewertungen dieser Geschichte damals, in der konkreten Situation, und heute ausfallen. Meist wird in der Gegenwart die heftige Reaktion von damals mit einem amüsierten Unterton kommentiert. Es hat sich eine gewisse Leichtigkeit breit gemacht, denn allen Beteiligten ist klar, dass solche Dinge geschehen können, alles gut gegangen ist und alle es gut überstanden haben.

Natürlich ist damit nicht gemeint, dass du den Schrecken von einst, den du in einer früheren Situation gespürt hast – im Beispiel mit dem Supermarkt in dem Augenblick, als du dein Kind aus den Augen verloren hattest – belächeln solltest!

Jede Emotion hat ihre Daseinsberechtigung und auch die, die sich nicht unbedingt schön anfühlen, erfüllen einen Zweck. Die Angst hat dich aufmerksam werden lassen und sensibilisiert, die Wut hat in dir möglicherweise zusätzliche Kraftreserven mobilisiert. Es ist daher wichtig, beim Betrachten der damaligen Situation sein früheres Ich keinesfalls zu verspotten oder zu bemitleiden, etwa im Sinne von: „Meine Güte, was für ein Affentheater. Typisch Erst-Mama!", oder, „Was war ich doch nur für ein nervöses Hemd. Kein Wunder, dass auch meine Maus immer so gestresst ist, wenn ich aus allem so ein Drama mache."

Versuche, dich der Situation wohlwollend zu nähern und dir deine negativen Gefühle von einst zuzugestehen.

Ist dir das nicht möglich, weil beispielsweise dein innerer Kritiker zu laut ist, versuche eine möglichst neutrale Haltung einzunehmen. Versuche, einfach noch mal Revue passieren zu lassen und nur still zu beobachten, was sich in deinem Kopfkino abspielt, ganz ohne bissige Kommentare, innere Vorwürfe oder Mitleid.

Dieser Punkt ist auch sehr wichtig: Wenn du dich Themen näherst, können Gefühle von damals auftauchen. Das ist ganz normal. Dieser Vorgang geht mit dem sogenannten impliziten Erinnern einher. Wenn Informationen auftauchen, die scheinbar gar nichts mit deiner jetzigen Situation zu tun haben – du hast das Abendessen vorbereitet und wartest auf das Kind, das sich aber schon unheimlich verspätet hat – dann kann dein Gehirn alte Erinnerungen und Informationen, die an die jetzige Situation erinnern oder ihr in irgendeiner Form ähneln, wieder heraufholen.

Dieser Vorgang geschieht meist ganz unbewusst.

Du erinnerst dich also nicht willentlich daran: „Ah, das erinnert mich an diese Situation im Supermarkt, als das Kind mit einem Mal weg war!", sondern vielleicht merkst du die Erinnerungen nur auf körperliche Weise, beispielsweise indem sich die schwitzenden Hände und das schnell pochende Herz wieder bemerkbar machen. Vielleicht arbeitet sich mit einem Mal auch ein ähnlicher Gefühlscocktail hoch, von dem du überrascht sein könntest, wenn du nicht um diesen Umstand wüsstest. Dadurch, dass du deine Themen, die immer wieder in dir hochkommen, nun aber aktiv bearbeitest, wird dich diese implizite Erinnerung weniger stark überrennen und du kannst dem Ganzen mit dem gezielten Aufarbeiten dieser Situation entgegentreten. Selbst wenn sich diese Gefühle vielleicht mal übermächtig anfühlen, kannst du sie einordnen, und das nimmt ihnen schon einen Großteil ihres Schreckens.

Stelle dir einfach mal folgende Fragen, wenn du glaubst, relativ konkret benennen zu können, was dein Thema ist:

- Kann ich mich an ein bestimmtes Ereignis erinnern, das mich bis heute belastet?
- Wann hat dieses Ereignis stattgefunden?

- Wer war daran beteiligt?
- Habe ich mich damals so verhalten, wie ich es für richtig empfand?
- Wie habe ich mich danach gefühlt?
- Würde ich mich heute auch noch so verhalten?
- Wie würde ich mich fühlen, wenn mir das heute passieren würde? Könnte ich möglicherweise gelassener mit der Situation umgehen?
- Warum belastet mich dieses Thema bis heute?
- Hat es tatsächlich bis heute reale Auswirkungen auf mich?
- Oder sind die von mir erlebten Auswirkungen quasi durch meine Gedanken hausgemacht?
- Kann ich mich relativ gut an die Begebenheit erinnern oder vermische ich Fakt und Fiktion?

# Keine schnelle Sache – Themen, die länger dauern

Was ist aber, wenn du das Gefühl hast, dass es sich bei dir gar nicht nur um ein bestimmtes abgeschlossenes Ereignis handelt, das dich nicht loslässt oder das du nicht loslassen kannst? Natürlich sind auch Trennungen von Partnerinnen oder Partnern, die eigene Scheidung, die Scheidung der Eltern oder das Ende einer Freundschaft keine abrupten Ereignisse, die nur an einem Tag stattfinden, sondern die durch Anzeichen meist schon viele Wochen, Monate oder sogar Jahre vorher zu erkennen sind – zumindest rückblickend.

Aber dennoch lässt sich meist ein Punkt ausmachen, ein Thema, an dem sich das Ganze benennen und festmachen lässt: das Ende der Beziehung, der Streit, der das Band der

Freundschaft zerriss, das Datum, an dem die Ehe offiziell geschieden wurde.

Was kannst du jedoch tun, wenn dich nun aber etwas umtreibt, was kein offizielles Ende hat? Wie schließt du mit Begebenheiten Frieden, die dich so lange begleitet haben, dass sie sich wie ein Teil deiner Geschichte anfühlen, obwohl du sie nie in dein Leben eingeladen hast. Das kann etwa eine Freundschaft sein, die irgendwie im Sande verlaufen ist. Vielleicht fragst du dich bis heute, warum das geschah, stellst wilde Spekulationen an, kaust letzte Gespräche immer wieder durch, analysierst den Nachrichtenaustausch und schaust auf Social Media, was die betreffende Person jetzt macht.

Ähnliches kann auch bei Bekanntschaften passieren, von denen man sich vielleicht zu Beginn mehr erhofft hatte. Irgendwann wurde euch beiden klar, dass da nicht mehr aus euch wird und der Kontakt verlief im Sande. Da es aber kein klärendes Gespräch gab, überlegst du bis heute, was du falsch gemacht hast, ob es an dir gelegen hat, ob du nicht schön, klug, unterhaltsam oder spannend genug warst. Du vergisst darüber komplett, dass du dir eine Beziehung mit der anderen Person ja auch überhaupt nicht hättest vorstellen können.

Haben Vorgänge oder Beziehungen keinen offiziellen Abschluss, kann es schwer sein, sie als etwas zu identifizieren, das du ebenfalls loslassen und somit hinter dir lassen darfst. Für dich wirken sie vielleicht so, als wären sie noch mitten im Gange, obwohl du dir eigentlich eingestehen kannst, dass sie längst vorbei sind und es dir nicht gut tut, an ihnen festzuhalten, in der Hoffnung es würde noch eine Fortsetzung geben.

Ähnlich verhält es sich mit Situationen, die dich lange geprägt haben: Vielleicht wurde dir als jüngstes Mitglied der Familie nie etwas zugetraut und du hast dich in der Rolle eingelebt. Jetzt in deinem Leben als Erwachsene engt dich diese Rolle extrem ein. Trotzdem ist es schwer, sie als etwas zu erkennen, was du nicht mehr brauchst und hinter dir lassen solltest.

Gerade Äußerungen, die wir in unserer Kindheit immer wieder gehört haben, prägen sich mit einer solchen Wucht ein, dass sie schnell zu internalisierten Glaubenssätzen werden: „Die Lydia, die ist so eine begabte Künstlerin, die braucht kein Mathe. Ist ohnehin ganz schlecht mit Zahlen." „Kim ist immer so niedlich aufgeregt, wenn sie was erzählen möchte. Das Stottern ist wirklich süß, aber hoffentlich wird das nachher im Beruf kein Problem!" „Lass mich das mal machen. Du bist doch unsere Kleine. Wir sorgen schon für dich. Du bist doch so zart. Pass ja gut auf dich auf!"

Wir halten sie selbst für wahr und für einen Teil unseres eigenen Gedankenguts, obwohl wir sie von außen übernommen haben, weil sie immer wieder an uns herangetragen wurden.

Vielleicht wollte Lydia ja auch immer malen, aber gerne auch ihr eigenes Geschäft führen. Da sie jedoch von vornherein immer annahm, dass künstlerische Begabung und logisches Denken und Naturwissenschaften sich ausschließen, interessierte sie sich weder für Mathe noch gab sie sich Mühe und traute sich schon gar nichts zu. Jeder normale Lernfehler wurde als Bestätigung gewertet, dass sie ja eh kein Mathe kann, weil sie eine Künstlerseele hat. Deswegen tut sie sich heute als freiberufliche Malerin, die zwar ihr Handwerk bestens beherrscht, aber nie gelernt hat, mit einem Budget umzugehen, schwer, Rechnungen zu stellen und einen Finanzplan zu erstellen.

Kim hat möglicherweise gemerkt, dass alle ihre Sprachfehler süß fanden und sie dadurch mehr Aufmerksamkeit bekam, was dazu führte, dass sie es vielleicht nicht so ernst damit nahm, sich mit Hilfe von Fachkräften um einen ungestörten Sprachfluss zu bemühen. Da sie jedoch auch bezweifelte, dass sie damit eine Position in einem Berufsfeld mit Menschen einnehmen kann, gab sie ihren Traum vom Job als Erzieherin auf, noch bevor sie es überhaupt ausprobierte. Sie bringt es möglicherweise gar nicht mit diesen Äußerungen in Verbindung, sondern sagt von sich aus, dass sie nicht für diesen Beruf geschaffen ist.

Und das liebe Nesthäkchen, das immer von der Familie umsorgt wurde, ließ sich das zum einen vielleicht ganz gerne gefallen, lernte zum anderen dadurch aber auch, dass es viel zu zart und unselbstständig ist, um in dieser rauen Welt bestehen zu können. Selbstvertrauen bildet sich auf diese Weise natürlich nicht und jeder Rückschlag kann als Beweis dafür herhalten, dass die Eltern Recht hatten und man es als zartes Pflänzchen sowieso niemals alleine schaffen kann.

Solche Glaubenssätze zu erkennen und als solche zu entlarven, dauert oft ein wenig länger und erfordert einiges an Innenschau. Du musst dich und dein Handeln selbst reflektieren können und manchmal auch eine gewisse Hartnäckigkeit an den Tag legen, denn nicht immer zeigen sich die verinnerlichten Sätze so klar und deutlich wie in den oben genannten Beispielen. Auch das Bearbeiten und Loslassen dieser Sätze, die dich so lange geprägt haben, kann zeitintensiver ausfallen. Aber es lohnt sich auf jeden Fall.

Stelle dir einfach mal folgende Fragen, um dem Ganzen auf den Grund zu gehen!

- Gab es Kontakte in deinem Leben, die einfach im Sande verlaufen sind, die dich aber bis heute beschäftigen?
- Warum ist das so?
- Was erhoffst du dir davon, wenn du diese Kontakte nicht offiziell als beendet ansiehst?
- Welche Gefühle steigen in dir auf, wenn du an diese Personen denkst?
- Gibt es Sätze, die du in deiner Kindheit oder Jugend immer wieder von deinen Eltern oder Lehrern gehört hast?

- Hattest du in der Familie oder der Klasse eine bestimmte Rolle, etwa die des Nesthäkchens, des Klassenclowns oder der Rebellin?
- Legst du immer noch bestimmte Verhaltensmuster an den Tag, die dieser Rolle entsprechen, obwohl du dich längst weiter entwickelt hast?
- Hast du das Gefühl, dass du dich von deinen Eltern auf eine gesunde Weise lösen konntest? Oder versuchst du bis heute, bestimmte Rollen zu erfüllen und deine Eltern durch ein bestimmtes Verhalten glücklich zu machen oder ihre Anerkennung zu gewinnen?

# Was wäre, wenn...

Die Gedanken sind frei und in deiner Vorstellung ist alles möglich. Die Phantasie ist eine ganz besondere Kraft in deinem Leben und Luftschlösser können etwas Feines sein: Sie geben dem grauen Alltag einen bunten Anstrich, lassen dich träumen und neue Sachen ausprobieren und machen das Leben spannend.

Was ist aber, wenn du dich in einer Idee von früher verfangen hast, die ihre Zeit hatte, jetzt aber nicht mehr zu deinem Leben passt? Auch dies können Themen sein, die man bearbeiten und loslassen kann, um Raum für Neues zu schaffen.

Wie sollst du aber einen Stachel ziehen, den es ja eigentlich nie gegeben hat, fragst du dich? Schau dir erst mal an, worum es bei dir geht. Handelt es sich bei deinem Luftschloss überhaupt um etwas, das du selbst geschaffen hast? Oder trauerst du einer Phantasievorstellung hinterher, die dir jemand anderes übergestülpt hat? Das können wohlmeinende Familienmitglieder sein, die ihre Träume an dich weitergegeben haben - etwa die Mutter, die ihre Musikkarriere nicht fortsetzen konnte und dich deshalb mehrfach die Woche zum Geigenunterricht schickte und an unzähligen Musikwettbewerben teilnehmen ließ, obwohl du einfach nur aus Spaß an der Freude das Instrument in die Hand genommen hattest. Oder die engagierte Lehrerin, die aufgrund eines schönen Gedichts von dir alles dafür tat, dass du dein Schreibtalent entwickeln konntest, vom Ferienschreibkurs bis hin zu Teilnahmen an Wettbewerben und Workshops – obwohl du nur ein Mal in Schreiblaune warst und ansonsten gar nicht viel mit dieser Form des Ausdrucks anfangen konntest, sondern viel lieber Collagen gebastelt hast.

Allzu leicht geschieht es aber, dass man diese Menschen, die man ja so mag und für ihre Bemühungen auch so schätzt, nicht enttäuschen möchte, obwohl man weiß, dass deren Wunschvorstellungen für einen gar nichts mit denen gemein haben, die man für sich selbst entwickelt hat. Scheitert das Umsetzen dieser Zukunftsvorstellung dann an der Realität, den eigenen Wünschen oder den mangelnden Fertigkeiten, bleibt oft ein diffuser Gefühlsmix zurück.

Zum einen bist du froh, dass dieses übergestülpte Zukunftsmodell nun doch nur Phantasie geblieben ist und du deinen eigenen Weg gehen kannst. Zum anderen fühlst du dich möglicherweise gegenüber der Person schuldig, die so an dich geglaubt und all die Zeit, Mühe und auch die finanziellen Mittel in dich investiert hat, damit du diesen Traum erfüllen kannst.

Diese an dich herangetragenen Wunschvorstellungen anderer Personen: „Du wirst mal eine ganz große Geigerin, so wie die Mutti eine werden wollte!", oder, „Dieses Talent brach liegen zu lassen, wäre eine Sünde. Ich gebe alles dafür, damit aus dir eine große Schriftstellerin wird!", sind allerdings nicht deine Wunschvorstellungen. Vielleicht hast du sie so verinnerlicht, dass du auch dir selbst gegenüber das Gefühl hast, dich enttäuscht zu haben, weil du Stunde um Stunde dein Instrument geübt hast, während sich deine Freundinnen verabredet haben. Oder weil du unzählige Ferien in einem Schreibcamp und jedes Wochenende bei einem Poetry-Slam verbracht hast, statt mit deinen Freunden durch die Gegend zu ziehen und die Nacht zum Tag zu machen.

All die Zeit, all die Mühen, all der Verzicht müssen sich doch gelohnt haben – schließlich hast du so viel investiert! Aber du hast eben nicht in deinen Traum investiert, sondern in den Traum anderer. Selbst wenn dieses Luftschloss Wirklichkeit geworden wäre, wärst du dann jetzt glücklich?

Ähnlich verhält es sich mit Luftschlössern, die du dir zwar selbst gebaut hast, die aber gar nicht mehr richtig zu deiner Lebenswirklichkeit passen. Du hast dir immer vorgestellt, du wärest eine taffe Businessfrau, die sich von nichts und niemandem aufhalten lässt und daher keine Bindungen eingeht. Nun sitzt du aber da mit deinem absoluten Lieblingsmenschen und einer wunderbaren Tochter und bist, genau so wie du jetzt lebst, der glücklichste Mensch der Welt und würdest um keinen Preis der Welt tauschen wollen. Trotzdem hast du deinem früheren Ich gegenüber ein schlechtes Gewissen, weil du eben nicht diese Karrierefrau geworden bist, sondern Mutter und Hausfrau, und dich dabei auch noch so richtig gut fühlst?!

Oder hast du immer davon geträumt, im Ausland zu studieren und zu leben, bist dann nach wenigen Monaten aber doch in dein Heimatland zurückgekehrt, weil es einfach eine gute Gelegenheit gab und du dir ein rundum tolles Leben aufbauen konntest, genauso wie du es geplant hast – aber eben nicht in einem anderen Land? Schwebt dir immer wieder, wenn du dich eigentlich zufrieden zurücklehnen und stolz auf dich sein könntest, ein „Was wäre, wenn…?" im Kopf herum? „Was wäre, wenn ich dageblieben wäre? Wäre ich dann erfolgreicher? Wäre ich glücklicher oder beliebter? Hätte ich ein aufregenderes Leben gehabt?"

In der Vorstellung malt man sich in solchen Momenten meist nur die Vorteile aus, die sich durch die verpasste Chance ergeben hätten, und sieht großzügig über etwaige Nachteile und Schwierigkeiten hinweg, die damit automatisch jedoch auch einhergegangen wären. Dadurch ist es leicht, diese unerfüllten Lebenspläne, denen du nachhängst, zu glorifizieren. Sie scheinen immer besser abzuschneiden und stärker zu glänzen als dein Alltagsleben im Hier und Jetzt, in dem auch Aspekte wie der nächste Zahnarztbesuch, die nervige Monatskonferenz, der Hausputz oder die Beschwerden von den Nachbarn auftauchen und deine Zeit in Anspruch nehmen. Unerfüllte Erwartungen und Träume müssen sich nicht mit der Realität messen und scheinen dadurch unantastbar. Du hast allerdings den Weitblick, sie auf ihren Realitätsgehalt hin zu überprüfen:

Möglicherweise wäre dir das Karriereleben zu einsam gewesen und du hättest die Wärme einer Familie und die Zeit mit deinem Lieblingsmenschen schmerzlich vermisst. Wärst du damals im Ausland geblieben, hättest du deine Mama nicht so oft besuchen können, als sie so krank war, und hättest sicherlich all die Monate darunter gelitten. Überhaupt wäre das Verhältnis zu deiner Familie und deinen Freunden sicher nicht mehr so eng wie jetzt, wo du einfach mal auf einen Kaffee vorbeischauen und die Beziehungen vor Ort pflegen kannst.

Hast du auch solche Luftschlösser, die nicht mehr federleicht in deinem Gedächtnis herumschwirren, sondern bleischwer auf deinen Schultern lasten? Stelle dir einfach mal die folgenden Fragen und finde dabei auch heraus, ob es sich um deine eigenen Fantasiegebilde handelt, die dir da nachhängen, oder um die Fantasien anderer Leute, die dir aufgedrängt wurden.

- Hattest du immer einen festen Entwurf oder Plan für dein Leben, den du Schritt für Schritt abgearbeitet hast?

- Hattest du früher eine besondere Passion, ein Talent, dass du semiprofessionell mit dem Ziel verfolgt hast, es zu deinem Beruf zu machen? War das dein eigener Wunsch oder der von denen, die dich in deinem Talent gefördert haben?
- Haben deine Eltern, Lehrer oder andere Leute ihre Begeisterung für eine Sache auf dich übertragen?
- Haben Sie dich ermuntert, ihre Lebensträume weiter zu träumen oder in die Realität umzusetzen?
- Hast du dich schuldig gefühlt, wenn du deinen Hobbys auf nicht so engagierte Weise nachkommen wolltest, wie dein Umfeld es aufgrund deiner Begabung oder ihrer Vorstellungen eingefordert hat?
- Hast du dich geschämt, als du dich für einen anderen Beruf entschieden hast, als den, den deine Eltern für dich vorgesehen hatten? Hattest du das Gefühl, du bist diesen Leuten verpflichtet?
- Bist du mit deiner Lebensführung zufrieden oder hast du das Gefühl, du würdest dein früheres Ich mit seinen ambitionierten Plänen enttäuschen?
- Hast du das Gefühl, du hast dein Potenzial nicht ausgeschöpft?
- Erzählst du immer wieder von deinen früheren Plänen oder hängst du übermäßig an Erinnerungsstücken aus einer Ära deines Lebens, die längst vorbei ist und die du eigentlich auch nicht vermisst?
- Belastet dich dieser Gedanke oder findest du dein Leben, so wie es jetzt ist, gut?

## Klarheit ins Dunkel bringen – vom Umgang mit diffusen Erinnerungen

Wie verhält es sich jetzt aber, wenn du trotz diverser Versuche nicht an deine Themen herankommst oder es dir nicht möglich ist, diese zu konkretisieren? Vielleicht nimmst du diffus herumschwirrende Erinnerungen wahr, vielleicht bemerkst du ein Aufblitzen in deinen Träumen. Möglicherweise kannst du auch gar nicht richtig benennen, was genau dir zu schaffen macht, obwohl du merkst, dass da etwas an dir nagt und dich nicht loslässt. Wichtig ist auch hier wieder: Schaffe Klarheit! Vieles aus der Vergangenheit ist verschwommen oder verzerrt, und wie bei den erwähnten Stacheln, die ihr Gift erst später absondern, kann es durchaus sein, dass bestimmte Gefühle nicht immer sofort konkreten Ereignissen oder Erlebnissen zuzuordnen sind.

Dies kann gerade auch dann der Fall sein, wenn du Zweifel an deinen eigenen Erinnerungen verspürst. Vielleicht ist deine Kindheit gefühlt schon Jahrhunderte her, weil dein Erwachsenenleben so ausgefüllt war oder dir schon immer gesagt wurde, dass du zum Übertreiben und Ausschmücken neigst. Wie du erfahren hast, ist das ein ganz normales Verhalten, das wir alle mal in unterschiedlicher Ausprägung zeigen.

Weißt du von dir, dass du sehr zum Dramatisieren neigst, kann es hilfreich sein, sich auf Spurensuche zu begeben. Mit der Hilfe von Tagebüchern, selbst gemalten Bildern oder Fotos, die du aufgehoben hast. Wen zeigen diese Fotos? Erinnerst du dich daran, wer sie aufgenommen hat und wie du dich bei der Aufnahme gefühlt hast? Ist das ein echtes Lachen oder lachen deine Augen gar nicht mit? Wer wird auf den gemalten Bildern gezeigt? Sind Figuren zu sehen und gab es diese in deinem echten Leben? Wie stehen diese Figuren zueinander? Welche Themen tauchen in deinen Tagebüchern wiederkehrend auf. Lässt sich ein roter Faden erkennen? Ein Aspekt oder mehrere komplexe Themen, die immer wieder in Erscheinung treten?

Nutze deine Erinnerungsstücke, um deinen Fragen auf den Grund zu gehen. Diese können auch hilfreich dabei sein, um dein heutiges Ich von früher abzugrenzen und herauszufinden, wo du heute stehst. Hast du noch alte Briefe oder Chatverläufe, in denen dich Leute auf etwas hinweisen oder ansprechen? Diese können dir dazu dienen, verschiedene Perspektiven zu beleuchten und dich mitunter auch an unerfüllte Erwartungen oder Wünsche zu erinnern, die du vielleicht bis jetzt erfolgreich verdrängt hast, die dich aber noch immer unterbewusst belasten. Weißt du allerdings ohnehin, um welche Themen es geht, kannst du überprüfen, ob sie vielleicht gar nicht mehr zu deinem jetzigen Ich passen.

In solchen Fällen kann auch die Zusammenarbeit mit einem Coach oder einem Therapeuten sehr hilfreich sein. Möglicherweise kommst du sogar zu dem Schluss, dass es dir bei bestimmten Aspekten nicht mehr möglich ist, die Hintergründe so genau herauszufinden, wie du es vielleicht möchtest. Wir können nicht allem auf den Grund gehen, aber das bedeutet nicht, dass du dieses Thema nicht trotzdem loslassen kannst und darfst. Ist es dir nicht möglich, dich konkret zu erinnern oder in Erfahrung zu bringen, was tatsächlich passiert ist, bist du zwar gezwungen, dies zu akzeptieren und damit zu leben, dass du es nicht genau herauszufinden vermagst. Du bist aber nicht dazu verpflichtet, diese Sache bei dir zu behalten, bis du ihr doch irgendwann auf den Grund gehen kannst, sondern darfst sie schon vorher aus deinem Leben verabschieden, wenn du dich bereit dafür fühlst.

## Kleine Stacheln, große Verletzungen – auch Kleinvieh macht Mist

Beginnen Menschen, sich aktiv mit ihrer Erinnerung auseinanderzusetzen, kann es sein, dass die Gründe, die sie für ihr jetziges Verhalten in der Vergangenheit finden, in ihren Augen nichtig oder zu klein sind, um überhaupt der Rede wert zu sein. Sie schämen sich vielleicht sogar, dass sie durch bestimmte Handlungen oder Ereignisse verletzt wurden, oder es ihnen nahe ging. Vielleicht passt es nicht zu ihrem Selbstbild, vielleicht nicht zu der sozialen Rolle, die sie sich zugelegt haben. Daher sagen sie sich: „Eine gestandene Schuldirektorin sollte nach 2 Jahren nicht den Tränen nahe sein, nur weil irgendein rotzfrecher Fünftklässler etwas Gemeines gesagt hat", oder, „Ich, als erfolgreiche und glückliche Frau Mitte 30, brauche mich doch nicht immer noch vor den Leuten aus der Grundschule zu verstecken, nur weil ich damals eine Außenseiterin war und viel Spott erdulden musste!" Gefühle sind jedoch nun mal nicht rational und sie lassen sich auch nicht von sozialer Rolle oder Ausbildung beeindrucken.

Unser Verstand kann eine Sache schon längst durchblickt haben, aber die Emotionen sprechen eine andere Sprache. Es ist dabei nicht wichtig, wie groß oder klein ein Ereignis auf den ersten Blick erscheint, sondern wie groß der Stachel ist, den es zurückgelassen hat. So manche Bemerkung, die möglicherweise nur in einem unbedachten Moment dahingesagt wurde, kann in der falschen Situation für die betroffene Person vernichtend sein, auch wenn sie in einer anderen Lebenslage vielleicht ganz einfach an ihr abgeprallt wäre.

Genau wie die Redewendung „des einen Freud, des anderen Leid" besagt, kann sich auch ein und dasselbe

Erlebnis ganz unterschiedlich auf zwei Personen auswirken. Denke also bitte nicht, dass ein Problem zu klein oder zu lächerlich wäre, um es anzugehen. Wenn du dir sagst, dass es dich nicht stören sollte, es dies aber trotzdem tut, darfst du dich erst recht darum kümmern.

Noch ein Mal: Kein Thema ist zu albern, lächerlich oder kindisch. Trägst du bis heute mit dir herum, dass deine Lehrerin damals gelacht hat, als du dich gemeldet hast, um für die Rolle der Prinzessin vorzusprechen? Ja, das war in der dritten Klasse und ist gefühlt 100 Jahre her, und ja, was interessiert dich jetzt noch ein albernes Kindertheater, und ja, die Frau war sowieso eine verbitterte, überarbeitete Lehrkraft und hatte es bestimmt auch nicht leicht. Aber es hat dich damals gekränkt. So sehr gekränkt, dass du die Tränen unterdrücken musstest und dich danach zuhause vor den Spiegel gestellt hast, um dich mit den Augen der Lehrerin anzusehen, um festzustellen, dass da ja vielleicht wirklich nichts an dir ist, was der Rolle einer Prinzessin würdig wäre.

Kleine Sätze können große Freude bereiten, aber auch großen Kummer auslösen, und sich, wenn sie erst mal als Stachel festsitzen, zu einer großen, entzündeten Wunde entwickeln, die sich immer weiter ausbreitet. Es muss nicht immer die ganz große Krise sein, die uns nicht loslässt. Auch bei kleineren Verletzungen hast du das Recht, diese zu betrauern, noch einmal genau in Augenschein zu nehmen und zu bearbeiten, um sie endlich loslassen zu können. Kleinvieh macht auch Mist und wenn du gleich mehrere kleine Stacheln mit dir herumträgst, dann kann dir das ganz schön zu schaffen machen und dir über kurz oder lang auch die Kräfte rauben.

Wische deine zaghaften Vorstöße, das Ganze nun anzugehen, nicht mit einem lapidaren: „Ach was! Das ist doch ohnehin kaum der Rede wert. Ist ja keiner gestorben oder so!", weg, sondern gestehe dir zu, dass diese kleinen Momente etwas mit dir gemacht haben. Traue dich, hinzusehen! Oftmals werden wichtige Aspekte kleingeredet oder negiert, wenn wir nicht hinschauen wollen, uns aber doch mit der Thematik auseinandersetzen müssen. Ein muffeliger Ausruf, wie: „Macht mir gar nix. Ist mir total egal!", ist dann auf den ersten Blick viel leichter auszuhalten, als hinzusehen und sich zu fragen: „Was genau schleppe ich da mit mir herum? Was tut mir weh?"

Du musst die Themen, die in dir aufsteigen, nicht bewerten, sondern einfach nur wahrnehmen und dich damit auseinandersetzen. Eine Klassifizierung in „groß genug, um weh tun zu dürfen" ist dabei wenig sinnvoll und auch nicht hilfreich für dich. Versuche, bei dir zu bleiben und zu akzeptieren, dass dir möglicherweise etwas zugesetzt hat, von dem die Gesellschaft behauptet, dass es akzeptabel wäre oder dir in deiner Position nichts ausmachen sollte. Zudem können sich kleine Verletzungen summieren und dann genauso weh tun wie eine große Wunde. Hab Verständnis für dich und begegne dir auch hier mit dem nötigen Wohlwollen und einer gewissen Aufgeschlossenheit.

# Thema Aufarbeitung – wann ist sie sinnvoll und was ist dabei wichtig?

Der Begriff „Aufarbeitung" wird in der Psychologie für all das genutzt, was zur Vergangenheitsbewältigung gehört; mitunter wird auch die Trauerarbeit zum Themenkomplex Aufarbeitung hinzugezählt. Die Aufarbeitung vergangener traumatischer Erlebnisse oder auch bestimmter belastender Episoden oder Ereignisse kann den Betroffenen dabei helfen, wieder in ein leidfreies, zufriedenes Leben zurückzufinden. Auch das Lösen von damals erlernten Schutzmechanismen, die dir heute nicht mehr dienen, kann durch das Aufarbeiten gemachter Erfahrungen erfolgen.

Hast du dir aufgrund von Hänseleien in der Schule etwa ein ruppiges Auftreten angewöhnt, scheiterst du jetzt im sozialen Miteinander womöglich daran, dass jeder erst mal von dir verschreckt ist. In diesem Fall kann es hilfreich sein, dir die Ursache für dein Verhalten – die Hänseleien – und den Grund für das Verhalten – Schutz deiner Kinderseele – klarzumachen. Heute bist du eine gestandene Frau, und auch wenn du negative Erfahrungen im Umgang mit Menschen machen musstest, wirst du ebenfalls erfahren haben, dass nicht alle Welt dir etwas Böses will, sondern es in der Tat sehr schön sein kann, mit anderen Menschen in Kontakt zu kommen.

Somit kannst du dich bewusst von deinem Schutzmechanismus verabschieden und versuchen, ihn Stück für Stück durch ein Verhalten zu ersetzen, das in der Gegenwart besser zu dir und deinen Wünschen passt.

Die meisten Psychologen sind sich einig, dass man auch bei der Vergangenheitsbewältigung nicht jedes Detail von früher auseinandernehmen und jeden Aspekt des früheren Lebens unter die Lupe nehmen muss. Es ist in der Regel nicht notwendig, alles bis ins kleinste Detail zu überprüfen, zu hinterfragen oder zu analysieren. Meist stellen ein Kernthema oder ein paar Kernthemen den Knack- und Angelpunkt dar. Ist das Ganze komplexer und verwobener, kann es sein, dass eine umfassendere Aufarbeitung notwendig ist.

In der Regel gilt eine Aufarbeitung von einmaligen oder länger andauernden Erfahrungen dann als ratsam, wenn dich diese noch immer stark beeinflussen oder wenn dadurch Glaubenssätze oder Verhaltensmuster geprägt wurden, die dir heute schaden oder dich stören.

## Aufarbeitung mit einer Fachkraft

Ganz gleich, ob du ein oder mehrere Ereignisse aufzuarbeiten hast: Wenn du merkst, dass du dabei gerne jemanden an deiner Seite hättest, oder falls du beobachtest, dass bei der Aufarbeitung Themen aufkommen, denen du dich nicht allein stellen möchtest, kannst du dir jederzeit Unterstützung in Form von Fachkräften, wie Psychologen, Therapeuten oder Coaches, suchen.

Es gibt ganz verschiedene Ansätze, die du mit fachlicher Unterstützung nutzen kannst, wenn du eine klassische Gesprächstherapie nicht unbedingt ausprobieren möchtest. Bei der Kunsttherapie näherst du dich deinen Themen durch künstlerischen Ausdruck, bei der Musiktherapie nutzt du verschiedene Instrumente oder auch deine Stimme, und bei der Körpertherapie wird auch dein Körper in den Prozess der Aufarbeitung miteinbezogen.

Viele Fachkräfte bieten mittlerweile auch ausgefallenere Konzepte außerhalb des klassischen Praxisrahmens an, die dir vielleicht mehr entsprechen: So gibt es beispielsweise die Methode des „Talk and Walk". Wer kennt das nicht? Gehen wir mit einer guten Freundin spazieren, redet es sich wunderbar einfach, Gesprächspausen werden durch anregende Reize von außen aufgefangen und wir scheinen leichter die passenden Worte zu finden. Das Gehen wirkt sich positiv auf unser Gesprächsverhalten aus und durch die natürliche und aus dem Alltag bekannte Gesprächssituation sind viele Klienten im Gespräch mit ihrem Coach oder ihrem Therapeuten lockerer und aufgeschlossener. Wer sich nicht mit Ängsten oder Unsicherheiten plagen muss, kann leichter mitarbeiten und sich dem Thema Aufarbeitung stellen. Auch dadurch, das nicht ständig Blickkontakt gehalten werden muss, trotzdem aber eine Verbindung da ist, wenn du neben deinem Coach hergehst, kann Druck genommen werden, der sich beim Thema Aufarbeitung mit Fachkräften aufbauen kann.

Wichtig, wenn du dich gemeinsam mit anderen an das Thema Aufarbeitung wagst, ist zu bedenken: Die Menschen sind deine Begleiter, aber sie haben weder ein Allheilmittel noch ein Universalwissen. Achte gut auf dich und lasse dich von deiner Intuition führen. Vertraue auf dein Bauchgefühl. Du bist die Expertin für dich selbst. Du wirst spüren, welche Themen für dich relevant sind und wie weit du gehen möchtest.

# Reflexionsanregungen für dich

Bereits in den Kapiteln zuvor hast du für dich ausgelotet, welche Stacheln dich bis heute schmerzen, um was es konkret geht, und was du loslassen möchtest. Wie gesagt, ist es meist gar nicht nötig, alles bis ins kleinste Detail zu durchleuchten und zu analysieren. Die Aufarbeitung des Geschehenen kann aber sehr hilfreich sein, wenn du mit einem Thema nicht abschließen kannst.

Vielleicht sind noch Fragen offen, die du für dich beantworten musst, bevor du das Ganze gehen lassen kannst: Frage dich, wie das Ereignis oder der Stachel dich in deinem Hier und Jetzt beeinflusst und woran du zu erkennen glaubst, dass es sich so äußert? Es geht dabei nicht darum, dich zu fragen, warum du nicht loslassen kannst. Es geht viel eher darum, zu verstehen, wie dich das Ganze beeinflusst, wie sich dein Thema auf dein Denken und deine Wahrnehmung auswirkt und damit bis heute indirekt ein aktiver Teil in deinem Leben ist, der auch am Laufen gehalten wird.

Vertraue auch hier deinem Gespür für dich selbst und gehe besonders sorgsam und liebevoll mit dir um, wenn du dir diese Fragen stellst. Kommen Gefühle oder Bilder hoch, nimm sie an und versuche sie neutral von außen zu betrachten, wie Wolken, die an einem Sommerhimmel vorüberziehen.

Auch hier kann die Arbeit mit dem Konzept des Inneren Kindes sehr hilfreich sein, denn den Grundstein für viele unserer Verhaltensmuster legt größtenteils unsere frühkindliche Sozialisation. Funktioniert die Arbeit mit dem Inneren Kind für dich sehr gut, kannst du auch zu dem Modell des Inneren Teenagers greifen, wenn du Erlebnisse aus deiner Jugend aufarbeiten möchtest. Der Teenager braucht möglicherweise weniger kindgerechte Beruhigung, aber dennoch Zuspruch und die Gewissheit, dass er seine Unabhängigkeit ausprobieren darf, aber einen sicheren Anker im Hintergrund hat.

Möchtest du Erfahrungen aus deinem Erwachsenenleben aufarbeiten, etwa eine Trennung oder einen anderen Verlust, eine verpasste Jobchance oder den Auszug der Kinder, kommt dir das Konzept des Inneren Kindes vielleicht nicht als Erstes in den Sinn, aber es kann dich auch darin unterstützen. Mitunter triggern diese Erfahrungen aus deinem Erwachsenenleben etwas aus deinem frühkindlichen Leben an. Du reagierst deshalb so stark darauf, weil es dich daran erinnert, und du versuchst, dich mit den gleichen Verhaltensmaßnahmen zu wehren oder zu schützen, zu denen du als Kind gegriffen hast.

Nun kannst du deinem Inneren Kind aber einen fähigen Erwachsenen zur Seite stellen, der neben all der Angst, Unsicherheit und der Verletzlichkeit auch eine gehörige Portion Stärke und Zuversicht mitbringt und dieser Situation nicht mehr schutzlos ausgeliefert ist, sondern für sich und sein Wohlbefinden einstehen kann.

Wir klammern uns oft an Altes, weil wir uns darüber identifizieren. Wir können Angst vor Neuem und der Ungewissheit haben. Vielleicht möchten wir auch unbewusst die Opferrolle nicht verlassen. Diese Aspekte können bei der Aufarbeitung von belastenden Themen zu Tage treten. Begeben wir uns an das aktive Aufarbeiten von alten Wunden, müssen wir unseren Anteil daran sehen und unsere passive Rolle verlassen. Ausflüchte, wie: „Ich kann einfach nicht! Es hat mich zu sehr verletzt! Das werde ich nie verschmerzen!", geraten dann ins Wanken und wir können anderem nicht mehr die Schuld dafür geben, warum wir Dinge nicht aktiv in die Hand nehmen.

Bei der Aufarbeitung findest du für dich heraus, wie du diese Muster am besten aufdecken und durchbrechen kannst, und du bekommst möglicherweise schon einen kleinen Ausblick darauf, wie das Leben ohne diese Wunde aussehen kann, über die du dich definierst. Du kannst Handlungsalternativen und neue Denkmuster für dich ausprobieren und herausfinden, womit du die schädlichen Schutzmechanismen ersetzen kannst, sodass du dich nicht mehr an die Vergangenheit klammern musst und endlich loslassen kannst.

So wichtig es ist, beeinflussende Faktoren zu hinterfragen und aufzuarbeiten, um ungesunde Muster und Glaubenssätze aufzudecken und ihnen die Kraft zu nehmen, so ungesund kann es sein, wenn du dich daraufhin nur noch mit deiner

Vergangenheit beschäftigst. Aufarbeiten heißt nämlich nicht, dass du dich ständig mit Vergangenem beschäftigen oder dies zu deinem alleinigen Lebensinhalt machen sollst.

## Grenzen der Aufarbeitung

Wie bereits erwähnt, hat die Aufarbeitung Grenzen, die du auch respektieren solltest. Nicht alles aus deiner Vergangenheit muss bis ins kleinste Detail aufgearbeitet werden und du darfst dir sicher sein, dass du dadurch keine Chancen verpasst. Vieles kann man beruhigt gehen lassen. Ein unnötiges Herumstochern in früheren Zeiten führt weder dazu, dass du alte Wunden besser schließen kannst, noch dazu, dass du mehr Kraft für dein gegenwärtiges oder zukünftiges Leben hast.

Der Schlüssel zu einer gelungenen Vergangenheitsbewältigung ist ein bewusster Umgang mit dieser. Ganz wichtig dabei ist: Es geht nicht darum, bestimmte Aspekte zu verdrängen, sondern sie nach der Bearbeitung bewusst loszulassen!

Das bewusste Loslassen eines Themas am Ende des Aufarbeitungsprozesses hilft dir, in der Gegenwart anzukommen und dich mit ihr zu verbinden. Dieses Ankommen in der Gegenwart ist notwendig, um die Vergangenheit als das anzuerkennen, was sie ist: Ein Zeitabschnitt, der vorbei ist, den du – egal, wie sehr du dich anstrengst – nicht mehr verändern kannst, auch nicht durch die sorgsamste Aufarbeitungsarbeit. Das ist auch gar nicht das Ziel des Aufarbeitens. Es geht darum, die Auswirkungen der Vergangenheit auf dich zu erkennen und zu begreifen, wie sie entstanden sind, wie sie sich äußern und wo sie dich in deinem Leben belasten. Hast du diese Punkte klären können, ist der Zeitpunkt gekommen, das Thema loszulassen.

Ansonsten kann unter dem Deckmantel der Aufarbeitung das frühere Muster zum Vorschein kommen, bei dem du alte

Begebenheiten immer wieder durchkaust, auch wenn schon lange kein neuer Input hinzugekommen ist – und genau dieser Vorgang verhindert, dass du das Alte loslassen und dich Neuem öffnen kannst.

Bemerkst du, dass du wieder in dieses Muster zurückzufallen drohst, sei es beim Aufarbeiten oder zu einem anderen Zeitpunkt während deiner Reise zum Loslassen, kannst du eine der folgenden Übungen ausprobieren, um dich im Hier und Jetzt zu verankern. Diese Übungen funktionieren auch sehr gut, wenn dich irgendwann einmal aufsteigende Gefühle zu übermannen drohen und du dich wieder erden musst.

## Körperlich verankern

Stelle dich für diese Übung mit hüftbreit geöffneten Beinen hin. Stemme die Hände in die Hüften und drehe deine Ellenbogen dabei ruhig ein wenig weiter als nötig nach außen. Traue dich, Raum einzunehmen. Hebe nun den linken Fuß und setze ihn so auf, dass du sowohl am Ballen links als auch rechts und an der Hacke Bodenkontakt spürst. Platziere so auch den zweiten Fuß. Mach dich ganz groß und breit, fühle den Boden unter deinen Füßen, indem du die Zehen kurz abhebst. Spüre, wie fest verwurzelt du mit deinem Untergrund bist. Stabil und stark wie ein Baum kann dich so leicht nichts umhauen.

## Atemübungen

Atemübungen haben in vielen spirituellen und gesundheitlichen Praktiken, wie etwa im Yoga, einen großen Stellenwert. Als sehr beruhigend und stabilisierend wird beispielsweise die Wechselatmung empfunden, im yogischen Pranayama auch als „Nadi Shodhana" bekannt. Sie trägt auch den Beinamen „Reinigungsübung" und ist ideal für die Konzentrationssteigerung und das Aussteigen aus störenden

Gedanken: Nimm eine bequeme Haltung ein. Schließe dein rechtes Nasenloch mit deinem rechten Daumen. Nimm nun einen Atemzug durch das linke Nasenloch – du kannst auch bis 5 oder 8 zählen, um einen möglichst gleichmäßigen Atemrhythmus zu begünstigen – und verschließe dann kurz beide Nasenlöcher mit Daumen und Zeigefinger. Öffne nun das rechte Nasenloch und atme aus. Nun schließt du das linke Nasenloch mit dem linken Zeigefinger und atmest durch das rechte Nasenloch ein. Wieder pausierst du kurz, indem du beide Nasenlöcher verschließt. Dann atmest du durch das linke Nasenloch wieder aus und wiederholst den Zyklus immer im Wechsel.

## Bewusstes Stopp sagen, um aus der Gedankenspirale auszusteigen

Scheint in deinem Kopf eine wilde Gedankenparty zu toben, in die du keine Ruhe bringen kannst, hilft es manchmal auch, dem einfach laut Einhalt zu gebieten. Bist du allein, geht das wunderbar. Rufe einmal laut und energisch „Stopp!", so als würdest du ein kleines Kind davon abhalten wollen, etwas Verbotenes und Gefährliches zu tun. Lege alle Autorität in deine Stimme. Du hast beschlossen, aus dieser Gedankenspirale auszusteigen und du verfolgst dieses Ziel unbeirrbar. Vielleicht gelingt es dir nicht auf Anhieb, aber du lässt dich nicht von deinem Weg abbringen und du signalisierst deinem Gehirn auf diese Weise, dass du es ernst meinst. Zudem reagierst du auf Geräusche von außen mitunter leichter als auf deine eigenen Gedanken. Sie lassen dich wortwörtlich aufhorchen, und das auch, wenn sie von dir kommen.

## Sinnesorientierung

Diese Übung ist wunderbar dazu geeignet, dich über deine Sinne wieder im Hier und Jetzt zu verorten. Sie ist toll für dich, wenn du dich bei überschwemmenden Gedanken möglicherweise nicht auf eine Meditation einlassen kannst oder du ein Problem mit Atemübungen hast, weil du dabei vielleicht aus deinem natürlichen Atemrhythmus kommst und dich noch mehr verspannst. Bei der Sinnesorientierung arbeitest du mit deinen Sinnen und verbindest dich über diese mit deiner Umwelt im Hier und Jetzt. Eine Bewertung deiner Situation musst du nicht vornehmen, du stellst einfach nur fest. Wenn du magst, kannst du deine Sinneswahrnehmungen laut aussprechen. Passiert es dir in der Öffentlichkeit, dass du übermannt zu werden drohst, kannst du diese Übung aber auch wunderbar im Stillen ausführen und dich so wieder mit dem Hier und Jetzt verbinden, statt in die Risse alter Wunden zu fallen.

Benenne dazu 5 Dinge, die du um dich herum siehst. Die meisten Menschen reagieren am leichtesten auf Sehreize, sodass du deine galoppierenden Gedanken ziemlich sicher wieder einfangen kannst.

## Body-Scan

Wenn du etwas mehr Zeit zur Verfügung hast und deinen lauten Gedanken mit Achtsamkeit entgegentreten möchtest, kannst du einen sogenannten Body-Scan durchführen. Bei dieser Übung wanderst du gedanklich durch deinen Körper und spürst zu den verschiedenen Körperteilen hin. Du machst dir bewusst, wie sich diese gerade anfühlen, was für Empfindungen du wahrnimmst – aber ohne diese zu bewerten. Diese Technik kann auch sehr entspannend wirken, wenn tiefsitzende Themen durch die Vergangenheitsarbeit auftauchen und alte Schmerzen hochkommen.

Es gibt verschiedene Ansätze des Body-Scans, sodass du für dich herausfinden kannst, was sich für dich gut anfühlt. Möchtest du ihn im Liegen oder im Sitzen durchführen? Magst du es, von einer Stimme einer CD oder einem Video angeleitet zu werden, oder möchtest du einfach selbst deinen Gedanken folgen? Starte am besten bei den Zehen deines linken Fußes. Wie fühlen sich die Zehen an? Sind sie kalt, kribbeln sie? Sind sie warm? Gehe dann zum Ballen, zur Sohle und zum Hacken weiter. Wo hat dein Fuß Bodenkontakt? Folge dann gedanklich deinem Bein über die Wade und das Knie hinauf zum Oberschenkel, bevor du zum anderen Bein wechselst. Danach kommen das Becken und der gesamte Rumpf an die Reihe, als nächstes der linke Arm, der rechte Arm und abschließend der Kopf und das Gesicht. Nimm dir so viel Zeit wie du magst. Bist du in der Öffentlichkeit, kannst du die Übung auch unbemerkt im Schnellverfahren im Stehen durchführen, um dich im Hier und Jetzt zu verorten!

## Tiefsitzende Themen – wenn da noch was ist

Bemerkst du bei diesen Übungen, dass es tatsächlich noch tiefsitzende Themen gibt? Sagt dir deine innere Stimme ganz klar, dass du noch etwas lernen musst, um weitermachen zu können? Erkennst du, dass du nochmal hinschauen musst, um befreit loslassen und ins Handeln kommen zu können? Dann höre auf diese Stimme. Ziel dieses Buches ist nicht die Verdrängung und es geht auch nicht darum, dich möglichst schnell aller Probleme zu entledigen. Das ist zwar ein schöner Traum, aber eben nur ein Wunschtraum und kein realistisch zu erreichendes Ziel. Alles hat seine Zeit und du tust gut daran, dir diese zu geben. Möchtest du den Prozess aus Ungeduld, Eifer oder Frustration zu sehr beschleunigen, kann es sein, dass dich die Themen überrollen oder bestimmte Punkte auf der Strecke bleiben. Die Aufarbeitung ist auch wichtig, um für zukünftige Situationen Schlüsse aus den Erlebnissen und deinem Verhalten in der Vergangenheit zu ziehen und dich weiterzuentwickeln.

## Thema Aufarbeitung

Wenn noch Themen offen sind, kannst du diesen entweder allein, mit fachlicher Begleitung, im Austausch mit Freunden und Familie oder mittels hilfreicher Konzepte, wie dem Inneren Kind, auf den Grund gehen. Schau dir genau an, was noch nicht verarbeitet ist, um es zu lösen und nicht immer wieder die gleichen Situationen durchleben zu müssen. Nutze diese Zeit als Entwicklungschance, statt dich darüber zu ärgern, dass sich ein Thema nicht so leicht auflösen lässt.

Natürlich solltest du dabei auch überprüfen, ob tatsächlich noch Themen offen sind, die gelöst werden müssen, oder ob du sie als Ausrede verwendest, an denen du dich festhältst und stehenbleibst..

Sei unbedingt ehrlich mit dir selbst. Hab Verständnis dafür, wenn du diese Form des Ausweichens bei dir feststellst. Weil du darum weißt, kannst du dich um eine Veränderung bemühen, die sich schließlich sehr positiv auf dein Gesamtbefinden auswirken wird.

# Endlich loslassen – wie gehe ich es an?

Du bist bereit dafür, deinen Stachel zu ziehen, dein Thema endlich loszulassen. Eine Schritt-für-Schritt-Anleitung, um die Vergangenheit loszulassen, lässt sich leider nicht so einfach entwickeln. Jeder Mensch und jedes Problem oder Thema ist individuell. Was für den einen so gar nicht funktionieren mag, wirkt bei dem anderen Wunder. So besonders und speziell wie du als Mensch bist, wird vielleicht auch deine Herangehensweise sein, um mit deinem Thema abzuschließen.

Im Folgenden bekommst du, passend zu den verschiedenen Phasen, die bei einem solchen Loslösungsprozess aufkommen können, mehrere Übungen oder Ideen an die Hand, aus denen du dir einen individuellen Werkzeugkoffer zusammenstellen kannst. Je nachdem, was in deiner aktuellen Situation für dich funktioniert, kannst du frei auf deine ausgewählten Techniken und Methoden zurückgreifen. Bist du dann bereit, einen anderen Stachel zu ziehen, bemerkst du möglicherweise, dass bei diesem andere Werkzeuge die bessere Wahl sind, und du bestückst deinen imaginären Werkzeugkoffer für diese Reise neu. So bist du immer wieder neu gerüstet und kannst dich diesem spannenden Prozess bestens vorbereitet stellen!

## Der erste Schritt

Du kannst die Vergangenheit nicht ändern, aber deine Sichtweise darauf. Dieser erste Schritt ist dir mittlerweile schon vertraut und deshalb ist dir auch klar, wie wichtig und mächtig er sein kann. Vielleicht hast du dich immer danach gesehnt, mit vielen Geschwistern aufzuwachsen und in einer bunten, großen Familie zu leben. Eure Familie blieb aber bei der klassischen Aufteilung von Vater, Mutter und Kind. Jetzt kannst du dich bis zu deinem Lebensende darüber grämen, dass du dich nicht mit deinen potentiellen Geschwistern gegen die Eltern verbünden, mit ihnen im Garten toben und am Abendbrottisch „Stopp, Hexe!" spielen konntest. Du kannst aber auch bewusst eine andere Position einnehmen und sehen, wie viel ungeteilte Aufmerksamkeit und Zuwendung du dadurch bekommen hast und welche Möglichkeiten dir das Einzelkind sein beschert hat. Vielleicht hast du dadurch auch eine besonders enge Bindung zu einem Nachbarskind aufbauen können, die sich bis heute gehalten hat und zu einer Freundschaft geworden ist, die du in deinem Leben nicht mehr missen möchtest?

Vielleicht hast du einen deiner beruflichen oder privaten Lebensträume nicht verwirklichen können. Vielleicht ist eine Beziehung oder Freundschaft auseinandergegangen, von der du gedacht hast, sie würde ewig halten. Aber all der Schmerz, der damit verbunden ist, wird irgendwann weniger und du hast die Möglichkeit, andere Wege zu gehen. Loslassen durch Annehmen was ist, und das bewusste Suchen nach positiven Wendungen, die durch die vermeintlichen Schicksalsschläge erst ermöglicht wurden, können dir helfen, diese besser zu verkraften und ad acta zu legen. Kannst du erkennen, wie wertvoll vergangene Erlebnisse auf ihre Art sind, was das Gute daran ist, fällt es dir viel leichter, nicht mehr dagegen anzukämpfen. Du fütterst also den weißen statt den schwarzen Wolf, weil du mit einem Gefühl des Verständnisses, vielleicht auch der Demut, vor allem aber der Akzeptanz, auf das schaust, was gewesen ist. Selbst wenn daraus keine wunderbare Chance erwachsen ist, bietet es dir Raum für deine ganz persönliche Weiterentwicklung - vorausgesetzt, du bist bereit, diese Chance zuzulassen und anzunehmen.

## Anregungen für deinen ersten Schritt

Schreibe dir auf, wie deine Einstellung gegenüber deinem Thema vor der Auseinandersetzung mit diesem Buch war und wie du jetzt auf das Ganze blicken kannst, nachdem du neue Perspektiven einnehmen konntest.

Hast du auch positive Folgen entdecken können, die dadurch entstanden sind? Konntest du daran reifen? Hast du dadurch möglicherweise positive Merkmale, wie Einfühlungsvermögen oder Verständnis für andere in ähnlichen Situationen, besser ausbauen können?

Schreibe das Problem auf einen Zettel und lege ihn gut sichtbar auf den Boden. Nimm dann tatsächlich physisch eine andere Position ein: Stell dich auf einen Stuhl und betrachte das Thema von dort, lege dich direkt daneben oder stelle dich in Siegerpose darüber. Wie fühlst du dich? Und wie fühlt sich das Problem an? Klebt es noch an dir oder wird es kleiner, wenn du eine bestimmte Haltung einnimmst?

## Relativieren

Wie du bereits in den Kapiteln zuvor erfahren hast, ist ein klarer Blick auf deine Themen sehr wichtig und extrem hilfreich, wenn es darum geht, die Größe eines Stachels zu bewerten.

Nicht selten neigen wir während des Erinnerns dazu, Dinge zu verklären oder zu verteufeln. So ist der Ex-Partner in der Erinnerung wahlweise der größte Schuft, der je auf dieser Erdkugel gewandelt ist, oder der Prinz auf dem weißen Ross, dessen strahlender Glanz alle anderen Männer blass erscheinen lässt. Weder die totale Verteufelung noch die Verklärung hilft dir dabei, die Beziehung mit diesem Menschen abzuschließen und dich anschließend, wenn du bereit dafür bist, für eine neue zu öffnen. Kannst du die ganze Sache aber irgendwann mit dem nötigen Abstand betrachten, fair sein, und dem anderen sowohl seine Schwächen als auch seine Stärken zugestehen, dann wird das Ganze weniger übermenschlich und extrem. Das Ereignis relativiert sich auf angenehme Weise und der Stachel, die Wunde, ist dadurch möglicherweise gar nicht mehr so übermächtig und erschreckend, sondern ertragbar und realistisch einschätzbar. Misst du zukünftige Partner an einer idealisierten Figur, werden diese unweigerlich daran scheitern. Hast du dagegen alles relativiert, hast du einen neuen Zugang zu deiner Wirklichkeit. Dein Jetzt muss sich nicht mehr an einer Vergangenheit abstrampeln, die es gar nicht gegeben hat. Deine Wahrheit ist immer nur deine Wahrheit und natürlich von dir interpretiert. Gibst du dir selbst aber die Chance, eine gewisse dir zugängliche Objektivität zu wahren, bist du dichter an den anderen dran und weniger den Extremen ausgeliefert, die du dir möglicherweise selbst vorgegaukelt hast.

- Erstelle eine Mindmap, indem du dein Thema in einen Kreis in die Mitte eines Blattes schreibst. Ziehe von dort aus einen Strich nach links zum Wort „Verteufeln" und nach rechts zum Wort „Verklären". Sammle drum herum all das, was dir in den Kopf kommt und schaue dir danach ganz in Ruhe an, was für Dinge in dir auftauchen. Achte darauf, das Ganze frei fließen zu lassen, ohne zu bewerten.

- Für viele Menschen funktionieren auch Morgenseiten sehr gut. Lege dir dafür ein kleines Büchlein neben dein Bett und schreibe gleich nach dem Aufstehen ein bis drei Seiten rund um dein Thema und das damit möglicherweise verbundene Verteufeln und Verklären hinein. Dadurch, dass du direkt nach dem Aufwachen losschreibst, ohne vorher deine Gedanken zu ordnen, gelangst du mitunter tiefer an unterbewusst festsitzende Gedanken. Den korrekten Satzbau und eine perfekte Rechtschreibung darfst du bei dieser Schreibübung gern außer Acht lassen. Auch Wiederholungen sind vollkommen in Ordnung. Es geht nicht um den idealen Text, sondern darum, dass du mit dir in Kontakt trittst und dir eine Ausdrucksmöglichkeit gibst.

- Bemerkst du, dass du zum Überzeichnen in die eine oder die andere Richtung neigst, kannst du natürlich auch künstlerisch aktiv werden und dir diesen Umstand mit Karikaturen verdeutlichen: Zeichne den tollen Prinz mit weißem Ross und wehendem Haar und den bösen Ex mit Teufelshörnchen und Ekelfratze. Alles ist erlaubt. Zum einen wird dir dadurch bewusst, wie extrem die Erinnerung verzerren kann, zum anderen wird dadurch möglicherweise auch ein humorvoller Anteil in dir geweckt, der mit einem leichten Schmunzeln auf diesen Vorgang schauen und ihn dadurch entdramatisieren kann.

## Leid anerkennen

Dennoch ist es wichtig, dein Leid anzuerkennen. Wenn es darum geht, Erinnerungen aus deiner Vergangenheit den Stachel zu ziehen, ist damit nicht gemeint, dass du negieren sollst, welchen Kummer dir die Trennung von deinem ersten Freund bereitet hat oder wie groß die Enttäuschung war, als du die angestrebte Beförderung nicht bekommen hast.

Viele von uns haben von klein auf beigebracht bekommen, dass wir uns unseren Schmerz nicht anmerken lassen sollen. Sicher hast auch du Sprüche gehört, wie „Ein Indianer kennt keinen Schmerz!", oder, „Jetzt mach die Mutti stolz und sei tapfer!" Wahrscheinlich hast auch du gelernt, dass es in manchen Situationen unpassend ist, das eigene Leid um Ausdruck zu bringen – etwa wenn du diejenige bist, die eine Beziehung beendet. Der Verlassene darf offen klagen, aber wenn die Verlassende ebenfalls unter heftigem Liebeskummer leidet, wird oftmals in die Richtung argumentiert, dass sie ja nicht hätte gehen müssen. Ähnlich verhält es sich, wenn jemand aus deinem Freundeskreis die Nachricht bekommt, dass er an einer schweren Krankheit erkrankt ist.

Dann sollst du stark bleiben und für den anderen da sein, ihn aber bitte nicht noch mit deiner eigenen Trauer, Angst und Unsicherheit belasten. Aber irgendwo müssen deine Gefühle hin und sie finden immer einen Ausdruck, auch wenn sie sich nicht immer als das eigentliche Leid in Form von Wut, Verletzung, Schmerz oder Angst bemerkbar machen, sondern sich in einem ganz anderen Gewand zeigen.

Wenn du dich früher – etwa als Kind – einer Situation hilflos ausgesetzt gefühlt hast, kann es sein, dass du dich nicht nur an das Leid gewöhnt hast, sondern auch versucht hast, es zu mögen, weil das die einzige Form war, wie du es in dein Leben integrieren konntest, ohne daran zu zerbrechen.

Hat dich dein großer Bruder bei jeder Gelegenheit verspottet, dann neigst du vielleicht bis heute dazu, Witze auf deine eigenen Kosten zu machen und erzählst jedem, dass das deine Art von Humor wäre.

Erkenne an, was ein Ereignis in der Vergangenheit mit dir gemacht hat. Gestehe dir ein, dass du hilflos, traurig, wütend, verzweifelt oder geschockt warst. Wenn du magst, kannst du auch bewusst in die Gefühle reingehen, etwa durch passende Musik, und dir diese von ganzem Herzen zugestehen. Wenn du deine Gefühle nicht mehr leugnest, dürfen sie passieren, dürfen sie sein. Somit kann ein Erlebnis, das vorher irgendwie in der Schwebe hing, seinen Abschluss finden. Bist du durch das Gefühl hindurchgegangen oder hast dir zugestanden, dass dies tatsächlich dadurch ausgelöst wurde, bist du einen entschiedenen Schritt weiter und kannst dich einem weiteren, wichtigen Aspekt widmen: dem Trauern.

## Trauern

Das Trauern ist eng mit dem Anerkennen von Leid verbunden. Beim Loslassen kann es auf zweierlei Arten in Erscheinung treten: Zum einen kannst du rückblickend Ereignisse oder Verluste betrauern, zum anderen kannst du auch Trauer darüber empfinden, dass du möglicherweise viele Jahre mit deinen Stacheln, Giftpfeilen und Wunden zugebracht und darunter gelitten hast.

Viele von uns lehnen das Gefühl der Trauer ab, weil es übermächtig erscheint und es sich so endlich anfühlt. Wenn ich etwas betraure, ist es meist zu Ende. Solange ich nicht trauere, gibt es vielleicht die Chance, dass der Ex-Freund sich eines Besseren besinnt und wieder nach Hause kommt, das Ganze also noch nicht vorbei, sondern nur ein Missverständnis ist. Solange ich dem Job nicht hinterherweine, gibt es ja die Möglichkeit, dass er mir doch noch angeboten wird, etwa wenn die Dame, die ihn jetzt übernommen hat, spontan umzieht oder doch noch einen anderen Posten bekommt. Trauer wird üblicherweise in mehrere Phasen unterteilt: Elisabeth Kübler-Ross hat fünf Phasen formuliert, die wie folgt lauten:

- Leugnen
- Zorn
- Verhandeln
- Depression
- Akzeptanz

Zunächst leugnen wir das, was geschehen ist. Wir wollen es nicht wahrhaben, finden Erklärungen und retten uns in Ausflüchte. Bei der Trennung sagen wir uns, dass unser

Partner sich nur geirrt hat, er einer Laune gefolgt ist, und er seinen Fehler schon einsehen und zurückkommen wird.

Die Phase des Zorns ist von heftigen Emotionen geprägt. Die Wut kann sich auf denjenigen, den wir verloren haben, uns selbst, oder auch auf Gott und die Welt richten.

Danach setzt meist die Phase des Verhandelns ein, in der wir versuchen, mit unserem Gott ein Tauschgeschäft abzuschließen: „Ich werde ein guter Mensch sein, wenn du XY nur bitte wieder gesund machst!" Oder wir versuchen im Alltag besonders gut zu funktionieren, um ein Gegenüber umzustimmen.

In der Phase der Depression setzt sich die Trauer mit all ihrem Schmerz, ihrer Reue und Verzweiflung durch. Wir zweifeln, ob wir das Ganze durch besseres Verhalten hätten abwenden können, erleben Schuldgefühle und spüren den Verlust sehr deutlich.

In der letzten Phase, der Phase der Akzeptanz, können wir uns allmählich dem Gedanken an den Verlust öffnen und ihn als gegeben hinnehmen. Wir können unser Leben allmählich wieder aufnehmen und es neu organisieren.

Das Trauermodell lässt sich nicht nur bei Todesfällen anwenden, sondern auch bei anderen Verlusten. Es ist natürlich nur ein Modell, und jeder Verlust ist eine ganz individuelle Sache. Wie der Trauerforscher George A. Bonanno belegt hat, empfinden Menschen Trauer mitunter in Wellenform, die dabei insgesamt immer schwächer wird.

Erlaubst du dir bei deiner Trauer bestimmte Schritte nicht, obwohl du eigentlich das Verlangen danach hättest, kann es sein, dass es dir schwerfällt, diesen Prozess für dich abzuschließen. Vor allem der Punkt der Akzeptanz ist wichtig, um die Erfahrung erfolgreich in dein Leben zu integrieren, statt sie immer wie eine schwere Bürde mit dir herumzutragen.

Trauerarbeit ist wirklich Arbeit und sehr anstrengend für einen Menschen. Gib dir die Zeit und den Raum, dich dieser Aufgabe zu stellen, wenn du deine Stacheln loslassen willst.

Kommen in dir beim Lesen dieses Buches wehmütige Gefühle oder auch Frust hoch, weil du merkst, wie viele Jahre du dich von einer Sache aus deiner Vergangenheit hast beeinflussen oder sogar quälen lassen, kann Trauerarbeit ebenfalls helfen. Ja, dieser Teil deines Lebens mag davon überschattet sein und du hast alles Recht der Welt, deswegen traurig zu sein. Lass dir von niemandem einreden, wann und wie du zu trauern hast, sondern erlaube dir deinen Schmerz und geh durch ihn hindurch. Wichtig ist, dann einen Abschluss zu finden. Die Zeit ist vergangen und kann nicht wieder zurückgeholt werden. Du hast aber die Chance, nach einem erfolgreichen Trauerprozess und dem Loslassen alter Themen, ein ganz neues, anderes und befreites Leben zu führen. Ergreife die Chance, wenn du bereit dafür bist!

# Vergeben

Vergeben kann ebenfalls ein sehr wichtiger Schritt sein, um ein Ereignis, eine Verletzung, endgültig hinter sich zu lassen. Häufig ist es so, dass wir über die Jahre die Folgen dieser Verletzung eigentlich ganz gut in den Griff bekommen haben und durch das Erlebnis selbst im Grunde gar nicht mehr belastet sind. Was uns zu schaffen macht, ist der Groll, den wir gegen die Person hegen, die uns Leid angetan hat.

Du kennst sicher das Zitat, das Buddha zugeschrieben wird: „An Groll festhalten, ist wie Gift trinken und hoffen, dass der andere stirbt." Ein anderer bekannter Ausspruch, der sich ebenfalls auf den trügerischen Fehlschluss dieses Gedankens bezieht, ist: „An Ärger festhalten, ist wie wenn du ein glühendes Stück Kohle festhältst mit der Absicht, es nach jemandem zu werfen – derjenige, der sich dabei verbrennt, bist du selbst." Dabei ist es vollkommen gleich, ob du innerlich ein Punktekonto führst und dort die vermeintlichen Schandtaten deines Gegenübers nur zählst, oder ob du dich tatsächlich rächen willst. Es ist egal, ob du dem anderen deinen Groll zeigst, passiv-aggressiv darauf aufmerksam machst oder sogar in aller Stille für dich grollst – die Person, die darunter definitiv leidet, bist du.

Es gibt verschiedenste Rituale, die dir beim Vergeben helfen sollen. Eines der bekanntesten ist sicherlich das von hawaiianischen Heilern genutzte Ho'oponopono. Ho'o lässt sich mit dem Wort „tun" übersetzen, Pono bedeutet soviel wie „Gleichgewicht". Es geht also bei Ho'oponopono darum, das Gleichgewicht bzw. die Balance wiederherzustellen, etwas geradezurücken. Üblicherweise findet das Ho'oponopono im Kreise der Gemeinschaft statt, aber du kannst es auch zuhause für dich alleine nutzen. Wenn du glaubst, dass die Personen, die dir wichtig sind, sich darauf einlassen können, könnt ihr das Ritual auch zusammen durchführen. Möchtest du dich erst mal alleine vortasten, kannst du folgendermaßen vorgehen: Nutze für den Anfang am besten die verkürzte Technik von Dr. Hew Len, die aus vier Sätzen besteht. Diese kannst du laut aussprechen oder auch nur bewusst innerlich formulieren, wenn du an die Person denkst, der du vergeben willst:

- Es tut mir leid
- Bitte verzeih mir
- Ich liebe dich
- Danke

Diese Sätze – manchmal werden der dritte und der vierte Satz auch getauscht – erfüllen verschiedene Funktionen in deinem Vergebungsprozess:

Mit dem ersten Satz erkennst du das Leid an, das dir angetan wurde, und das du dir auch selbst angetan hast beziehungsweise antun hast lassen. Du wehrst dich nicht mehr gegen den Schmerz oder negierst ihn, sondern du erkennst ihn in all seiner Heftigkeit an und entschuldigst dich bei dir.

Der zweite Satz ist sowohl an dein Gegenüber als auch an dich gerichtet. Zu den meisten Konflikten gehören beide Parteien. Indem du aktiv um Verzeihung bittest, übernimmst du Verantwortung und gerätst dadurch auch wieder in eine aktive Rolle. Du kannst etwas verändern.

Der Satz „Ich liebe dich" wird dir nach einer Verletzung nicht so leicht über die Lippen kommen. Viele Personen ergänzen daher den Part „mit all deinen Schwächen und Stärken". Es geht hier darum, zu erkennen, dass Menschen in der Regel so gut handeln, wie es ihnen in diesem Moment möglich ist, und dass jeder von uns Stärken und Schwächen hat, die im Miteinander zu Problemen führen können. Behältst du dies im Hinterkopf, wird so mancher Verletzung schon ein wenig der Schmerz genommen und du kannst das Ganze besser relativieren.

Die Aussage „Ich liebe dich" ist aber auch an dich gerichtet. Es ist nämlich außerordentlich wichtig, dass du auch dir selbst nach einer schweren Verletzung oder in einer Krise mit aufrichtiger Selbstliebe, Selbstfürsorge und Wohlwollen begegnest, statt dich mit Vorwürfen zu bombardieren oder dich fertig zu machen.

„Danke" sagst du abschließend, weil du dich bei der Vergebung bedankst, die dich von dem inneren Groll frei macht. Trägst du diesen Ballast nicht mehr wie einen ständigen Lastensack mit dir herum, hast du die Hände frei zum Loslassen und kannst dich leichter von einer Situation verabschieden.

Das Ritual kannst du übrigens nicht nur anwenden, wenn du einer anderen Person bisher nicht vergeben konntest, sondern auch wenn du Probleme damit hast, dir selbst Fehler zuzugestehen und dir selbst zu vergeben. Gerade Menschen, die mit anderen recht nachsichtig sind, können sich selbst gegenüber mit einer erstaunlichen Härte agieren und einen tiefen Groll gegen sich hegen, der sie ausbremst und schwächt.

Kannst du mit diesem Ritual aktuell nicht so viel anfangen, liegt dir vielleicht ein praktischer Zugang zum Thema Vergebung eher:

Du kannst der Person, die dir Leid angetan hat, oder eben auch dir selbst, einen Brief schreiben. Schreibe dir ungefiltert alles von der Seele und lege dann den Fokus auf die Vergebung, die du auch aktiv aussprechen kannst. Das Vergeben kann sich sehr kraftvoll anfühlen und es bringt dich aus deiner passiven Position in eine aktive Haltung und in ein Tun. Was du danach mit dem Brief machst, kannst du selbst entscheiden. Du musst ihn natürlich nicht abschicken, wenn er an eine andere Person gerichtet ist. Du kannst dich auch symbolisch von ihr und dieser gemeinsamen Vergangenheit lösen, indem du den Brief an das Universum oder einer göttlichen Kraft, die für dich in deinem Leben eine wichtige Rolle spielt, übergibst. Du bittest das Universum darum, dass es sich darum kümmern möge, du damit jetzt aber bitte abschließen möchtest. Dazu kannst du den Brief in einer feuerfesten Schale feierlich verbrennen und all die Verletzungen in Rauch aufsteigen sehen.

Dieser symbolische Akt kann sehr kraftvoll sein und lässt sich auch durch andere Aktivitäten vollziehen, falls du keine Möglichkeit hast, ein offenes Feuer zu entzünden:

Du kannst den Brief auch in ganz kleine Schnipsel zerreißen und deine alte Wut mit dieser kraftvollen Geste verabschieden. Wenn du magst, zerfetze den Brief richtiggehend, bevor du die Schnipsel in den Müll wandern lässt und die Mülltüte direkt hinaus bringst, sodass sie dich und dein Zuhause verlassen muss.

Alternativ kannst du den Brief auch an einen Heliumballon binden und in den Himmel steigen lassen. Diese Variante ist vielleicht nicht die umweltschonendste, aber sie hat unheimlich viel Symbolkraft und der Anblick des in der Ferne verschwindenden Ballons, kann eine nicht zu unterschätzende Wirkung auf dich haben.

## Deine Verletzung äußern

Bemerkst du beim Lesen des Abschnitts über das Vergeben einen starken Widerwillen, horch einmal in dich hinein, warum das so ist. Nicht immer sind wir für diesen wichtigen Schritt bereit, weil das, was der andere getan hat, zu schrecklich für uns war oder weil wir einfach keine Mitschuld sehen. In diesem Fall können wir das Ritual nicht nutzen, ohne dass Widerstände auftauchen. Fühlst du noch eine unbändige Wut auf einen früheren Streitpartner oder jemanden aus deiner Vergangenheit, der dir Unrecht getan hat? Dann kann es sinnvoll sein, diese Wut zum Ausdruck zu bringen. Es kann einen innerlich auffressen, wenn man beispielsweise sieht, wie jemand, unter dem man während seiner Schulzeit gelitten hat, ganz entspannt durchs Leben geht, während man selbst immer noch an den Folgen der Schmähungen zu knabbern hat.

Möglicherweise weiß die Person gar nichts mehr davon und gibt sich im Umgang auch noch nett und aufgeschlossen. Wenn du möchtest und es für angebracht und sinnvoll hältst, hast du die Möglichkeit, diese Person mit den Auswirkungen ihrer Tat zu konfrontieren.

Am produktivsten ist natürlich ein persönliches Gespräch, sofern du es schaffst, eine offene Gesprächsebene zu halten und die Person nicht nur wüst zu beschimpfen oder anzugreifen. Falls die Person sich auf ein Gespräch einlässt, steht es dir aber durchaus zu, deinen Schmerz, deine Verletzung und auch deine Wut zu thematisieren. Es ist in Ordnung die Auswirkungen in all ihren Facetten zum Ausdruck zu bringen und der Person zu zeigen, was das Ereignis mit dir gemacht hat.

Vielleicht ist die Person betroffen, überdenkt ihr Verhalten und bittet dich rückblickend um Entschuldigung. Das ist häufig der Punkt, der von den Betroffenen als heilend erlebt wird und der es ermöglicht, mit der Sache ganz abzuschließen. Vielleicht kann dir dein Gegenüber seine Sichtweise darlegen und sein Verhalten erklären, sodass der ganzen Sache zusätzlich der Schmerz genommen wird. Du fühlst dich gesehen und du hast eine Rückmeldung von der anderen Person bekommen, die dir dabei hilft, die Wunde zu schließen.

Erlebst du dies nicht, war dein Bemühen trotzdem nicht umsonst, denn du hast dich der anderen Person mitgeteilt, du wurdest ebenfalls gesehen. Du warst nicht mehr alleine mit deinem Schmerz und deiner Wut, sondern du konntest etwas an den Sender zurückgeben, was nicht zu dir gehört, obwohl du es all die Zeit mit dir herumgetragen hast. Was er damit macht, liegt nicht mehr in deiner Verantwortung. Aber du bist immerhin ein gutes Stück freier und leichter geworden. Du hast wieder mehr Raum für Schönes in deinem Leben. Du musst die Last nicht mehr auf deinen Schultern mit dir herumtragen und dich davon niederdrücken lassen.

Genau wie bei der Verzeihungsübung kannst du auch zu Stift und Papier greifen und einen Brief schreiben, wenn ein Gespräch nicht möglich ist. Ob du diesen Brief abschickst, liegt ganz an dir. Manchmal tut es auch einfach gut, die Worte fließen zu lassen und all die Gedanken aufzuschreiben, die man einem anderen Menschen in einem vernünftigen Gespräch niemals an den Kopf werfen würde. Dies ist eine sehr effektive Form des Frustabbaus, die niemandem weh tut, dir aber viel Luft verschaffen kann.

Selbstverständlich kannst du den Brief auch wieder zerreißen oder verbrennen, und das Ganze in Wohlgefallen und Rauch aufsteigen lassen.

Ist dir nicht nach Schreiben, kannst du dir das Gespräch natürlich auch einfach vorstellen. Oder du stellst dich vor ein Foto der Person und wirfst ihr ungefiltert all das an den Kopf, was dir auf der Seele brennt. Werde ruhig laut, wenn dir danach ist, und lege Kraft in deine Stimme. Ein Gewitter reinigt die Luft und es kann dir ein Gefühl von Stärke geben, wenn du für dich eintrittst und deutlich sagst, was du denkst – auch wenn es nur in einem imaginären Gespräch ist. Benutzt du üblicherweise keine Schimpfwörter, ist dir aber jetzt danach, dann probiere es einfach mal aus – hört ja keiner! Dabei kann es sogar passieren, dass du über die Situation selbst lachen musst, wenn du dich richtig in Rage gemotzt hast.

Wenn viel angestaute Wut in dir tobt und dich immer wieder in das Alte zurückwirft, kann es auch sinnvoll sein, diese Wut freizulassen. Vielleicht möchtest du in den Wald hinausfahren und ganz laut brüllen, vielleicht möchtest du dein Kissen mit den Fäusten bearbeiten und dich dabei abreagieren. Du kannst auch im Fitnessstudio einen Boxsack nehmen und diesen nach Strich und Faden verprügeln, bis all die Wut aus dir entwichen ist. Körperliche Betätigung kann wunderbar dabei helfen, Wut zu lösen und abzugeben. Ist das nicht dein Weg, kannst du die Wut vielleicht auf kreative Weise abgeben, etwa beim Schauspielern, Tanzen, Musizieren oder Malen. Actionpainting ist eine tolle Methode, um aufgestaute Emotionen zu befreien und loszulassen, und auch auf einem Schlagzeug oder einer Trommel lässt sich Wut wunderbar abreagieren.

## Im richtigen Moment aufhören, Fragen zu stellen

Aus den ersten Kapiteln weißt du, wie hilfreich es sein kann, Vergangenes von mehreren Seiten zu beleuchten, Leute nach ihrer Erinnerung zu befragen, und auch die eigene Erinnerung im gesunden Maße in Frage zu stellen. Damit ist allerdings nicht gemeint, dass du all das anzweifeln sollst, was du fühlst, wahrnimmst oder im Gedächtnis abgespeichert hast.

Es geht vielmehr darum, dir bewusst zu machen, dass das menschliche Gedächtnis eben nicht wie eine Kamera funktioniert, die eine Szene eins zu eins festhält, sondern du dir verschiedene Eindrücke merkst, die von deinem Gedächtnis anschließend immer wieder neu zu einem Bild zusammengesetzt werden. Fehlende Inhalte werden mit den Extras ergänzt, die für dein Gedächtnis logisch erscheinen, und dabei spielt auch immer dein aktueller Erfahrungsschatz und Wissensstand eine nicht zu unterschätzende Rolle.

Zudem wirst du mitunter an einen Punkt kommen, an dem du keine Antworten auf deine Fragen findest. In solchen Fällen bringt es dich nicht mehr weiter, wenn du stetig nach dem Warum fragst oder versuchst, die Situation auszuloten und zu erklären. Für manche Erlebnisse kannst du keine zufriedenstellende Erklärung finden und manchmal ist es auch nicht möglich, nachträglich Sinn in eine Sache zu bringen. Was dann passiert, haben wir im Kapitel über unser Gedächtnis und unsere Erinnerung erfahren. Unser Gehirn versucht Sinn in eine Sache zu bringen, indem es Informationen ergänzt. Diese müssen nicht immer etwas mit der tatsächlich stattgefundenen Vergangenheit zu tun haben. Mitunter entfernt man sich über die Zeit sogar sehr weit von dem, was wirklich vorgefallen ist, und schafft sich selbst eine Erinnerung, die so intensiv und schrecklich ist, dass sie einen zu verschlingen droht. Da du darum weißt, wirst du vielleicht versuchen, sehr sachlich an die Sache heranzugehen und einen objektiven Blick auf das Ganze zu behalten, wie du es beim Blickwechsel bereits probiert hast. Hat dieser aber wiederholt nicht funktioniert und merkst du, dass du immer verzweifelter versuchst, eine Sache für dich begreiflich zu machen, ist es an der Zeit, das Ganze loszulassen.

Denn der Versuch einer Sache, einem Erlebnis oder einer Empfindung einen Sinn zuzuschreiben, wo du keinen siehst, erzeugt eine Art von Stillstand, weil du dich immer wieder mit der Sache befasst, ohne aber vorwärts zu kommen. Du verhältst dich dann ähnlich wie Sisyphos aus der griechischen

Mythologie. Kennst du die Geschichte? Sisyphos muss zur Strafe einen schweren Stein den Berg hochrollen. Kurz bevor er aber nach harter Arbeit oben an seinem Ziel ankommt, entgleitet ihm der Felsbrocken und kullert den Gipfel wieder hinunter. Sisyphos weiß das zwar, dass es Teil seiner Strafe ist, dass der Felsbrocken niemals oben ankommen wird, aber er muss diese Aufgabe trotzdem immer und immer wieder von Neuem beginnen, ohne Ausblick auf Erfolg. Ähnlich verhält es sich, wenn du, wider besseres Wissen, immer wieder in das Gedankenkarussell steigst und dir die gleichen Fragen stellst, auf die es keine Antwort gibt, oder du Gedanken hinterher läufst, die dich nicht zum Ziel bringen.

Die Autoren Jeffrey Schwartz und Rebecca Gladding formulieren den wichtigen Hinweis sehr prägnant: „Glauben Sie nicht allen Ihren Gedanken!" Anders als Sisyphos hast du die Wahl, ob du weiter nach Erklärungen suchst, wo du alleine keine finden kannst, oder ob du deine Kraft lieber für etwas aufwendest, das von Erfolg gekrönt oder dir in irgendeiner anderen Form nützlich sein wird.

## Sich bedanken und eine schöne Zeit mit Würde verabschieden

Nicht immer schleppen wir nur Stacheln oder Wunden mit uns herum, die uns belasten. Mitunter können wir auch eine wunderbare, schöne Zeit nicht loslassen. Dafür muss dieses Schöne in unserem Leben nicht mal mit einem dramatischen Knall, einem Streit oder etwas anderem Unschönen geendet haben. Es ist einfach schwer für uns, dass diese Phase unseres Daseins jetzt vorbei ist, und wir würden alles dafür tun, um diese Zeitspanne wieder aufleben zu lassen. Wir klammern uns daran fest, schwelgen in Erinnerungen, versuchen unser Umfeld dazu zu bringen, uns dieses Gefühl zu geben, und weigern uns, die Endlichkeit dieser Phase zu akzeptieren.

Das kann beim Auszug des Kindes der Fall sein, wenn du es von ganzem Herzen genossen hast, Mutter zu sein, und in dieser Rolle komplett aufgegangen bist. Jetzt siehst du dich mit dem Empty-Nest-Syndrom konfrontiert und versuchst alles, um dein Kind an dich zu binden und es doch noch nicht ganz loszulassen. Oder es kann sich um diese tolle Zeit mit dem fabelhaften Team während einer Projektarbeit handeln, die jetzt aber abgeschlossen ist. Es gab keinen Streit, aber jeder arbeitet jetzt wieder woanders und ihr könnt euch einfach nicht mehr so oft sehen wie während der Projektphase.

Willst du dein Leben aber nicht damit verbringen, dieser Zeit, die du nie wieder wirst herstellen können, nachzutrauern, ist es wichtig, sie als Teil deines Lebens anzuerkennen und gehen zu lassen. Sehr hilfreich kann dabei sein, sich bei dieser Zeit zu bedanken. Das kannst du in einem Brief oder in einem Text in deinem Tagebuch tun. Du kannst auch ein Erinnerungsstück, das dich an diese Phase erinnert, in ein Schatzkästchen legen und deine geliebte Erinnerung dort sicher aufbewahren. Oder du bedankst dich direkt bei den beteiligten Leuten für den gemeinsam gegangenen Weg und sprichst aus, was dich daran so beglückt hat. Und wer weiß, vielleicht tut sich demnächst eine neue Phase auf, die zwar nicht genau so werden wird wie diese besondere Zeit in deinem Leben, die aber anders gut und ihre eigenen Vorteile und einzigartigen Momente mit sich bringen wird. Schon der griechische Philosoph Heraklit von Ephesos konstatierte: „Nichts ist so beständig wie der Wandel!" Wenn du auch schöne Erlebnisse in deinem Leben loslassen kannst, gibst du dir und deinem Leben die Chance, noch viele weitere schöne Momente anderer Natur zu erleben! Bleibe neugierig und freue dich auf das Gute, was kommen wird!

## Physisches Loslassen durch Ausmisten – sichtbar und unmittelbar spürbar

Ähnlich wie bei den Vorschlägen für das Vergebungsritual kann es sehr hilfreich sein, Ballast nicht nur mental, sondern auch physisch loszulassen, um sich von bestimmten Erinnerungen oder Episoden im eigenen Leben zu verabschieden und auf Dauer zu lösen.

Es kann sehr hinderlich für dich sein, wenn du dich innerlich von deinem Ex-Partner und der vergangenen Beziehung lösen willst, du aber all seine Geschenke noch in deiner Wohnung herumliegen hast, du immer wieder seinen alten Pullover anziehst, der noch nach ihm riecht, und du jeden Abend die gemeinsamen Fotos von euch beiden hervorholst.

Auch die im Sande verlaufene Freundschaft kannst du nur schwer hinter dir lassen, wenn du häufig in Erinnerungen schwelgst. Wie du bereits gelernt hast, erinnern wir Menschen uns an jene Situationen leichter und besser, an die wir uns häufig erinnern – insbesondere dann, wenn starke Emotionen damit verknüpft sind. Überlege, ob es für dich hilfreich ist, alles von deinem Ex-Partner zur Seite zu räumen, sodass du dich nicht mehr tagtäglich mit dem Thema konfrontiert siehst. Viele von uns machen das instinktiv, damit sie nicht jeden Tag wieder den Schmerz fühlen müssen, wenn sie auf ein zurückgelassenes Hemd oder die Zahnbürste des ehemaligen Partners schauen. Aber trotzdem tun sich viele von uns den bittersüßen Schmerz an und greifen immer wieder zu positiv besetzten Erinnerungsstücken wie den gemeinsamen Urlaubsfotos, dem Kuscheltier oder eben dem großen Pullover. Kannst du Zurückgelassenes von deinem Ex-Partner als dein Eigenes in dein Leben integrieren, gibt es keinen Grund, dieses loszuwerden.

Merkst du aber, dass es dich belastet – hast du dich im Urlaub etwa deutlich freier gefühlt, weil dein Blick nicht ständig auf dieses Foto von euch beiden an der Wand gefallen ist, das du seit der Trennung eigentlich abnehmen wolltest –, dann kann es sich lohnen, eine große Kiste hervorzuholen und alles aus deinem Blick zu räumen, was dir gerade nicht gut tut. Wenn du dich davon noch nicht endgültig trennen möchtest, verbanne die Kiste auf den Speicher oder in den Keller, jedenfalls an einen schwer zugänglichen Ort. Stelle sie bitte nicht unter das Bett, damit du in einer traurigen Minute nicht doch wieder zu den Erinnerungsstücken greifst und in der Vergangenheit verharrst.

Dieses Loslassen muss sich nicht nur auf Gegenstände beziehen, die dich an einen Menschen erinnern. Vielleicht hast du auch noch zahlreiche Schachpokale in deinem Arbeitszimmer stehen, die dich immer wieder in eine Zeit zurückversetzen, die jetzt in deinem Leben nichts mehr verloren hat. Halte es da wie die japanische Aufräumexpertin Marie Kondo, die meint: „Was keine Freude in dir weckt, darf gerne gehen." Vielleicht möchtest du dich, wie Kondo es rät, noch von den Gegenständen verabschieden und ihnen danken, für das, was sie dir gegeben haben, für die Dienste, die sie geleistet haben. Ist diese Zeit allerdings vorbei, gibt es keinen Grund daran festzuhalten, denn das ist meist der Moment, in dem Besitz zur Last wird.

Das praktische Loslassen muss sich übrigens nicht nur auf Dinge beschränken, die du anfassen kannst. Nicht selten halten wir auch an ellenlangen Chatverläufen fest und haben auf unseren Smartphones endlos scheinende Ordner mit Fotos. Oder wir halten über soziale Netzwerke Verbindung mit Menschen aus unserer Vergangenheit, obwohl wir instinktiv spüren, dass uns diese Verbindung aktuell nicht gut tut. Gehe auch hier in dich und überlege dir, was du wirklich in deinem Leben haben, und was du lieber gehen lassen, möchtest. Bedanke dich, wenn du magst, und akzeptiere, dass manche Dinge und manche Menschen uns nur einen Teil unseres

Lebens begleiten, und dass das ein vollkommen normaler Prozess ist, den du weder aufhalten kannst noch musst.

Natürlich spricht nichts gegen den Versuch, eine ins Wanken geratene Freundschaft wieder aufleben zu lassen. Doch bleibt deine Bemühung ohne Ergebnis und kommt von der anderen Person nichts zurück, lerne loszulassen. So werden deine Umgebung, dein Handybildschirm und dein Kopf mit einem Mal viel klarer, luftiger, freier. Plötzlich ist mehr Platz für deine Kreativität und deine Person da, und du bist weniger abgelenkt von lauter Kleinigkeiten, die in deinem Leben eigentlich gar nichts mehr verloren haben. Ein sehr befreiendes und bestärkendes Gefühl!

Kleiner Tipp: Gehe das physische Loslassen in kleinen Schritten an. Nicht selten erzeugt das Ausmisten ein richtig berauschendes Glücksgefühl und wir schießen über das Ziel hinaus. Wir geben beispielsweise zu viel weg oder übernehmen uns körperlich. Wenn du den Prozess des Ausmistens ebenso sorgsam und bedächtig angehst, wie den Rest deiner Reise zum Loslassen, gibst du deiner Psyche und auch deinem Körper die nötige Zeit, um sich daran zu gewöhnen. Du hast einen klaren Kopf und kannst immer wieder individuell entscheiden, was du noch benötigst und was nicht. Es ist durchaus üblich, den Prozess des Ausmistens viele Male zu wiederholen, bis du das Gefühl hast, du wärest jetzt fertig. Also lass dir Zeit und erfreue dich wie immer an den kleinen Erfolgen und vor allem daran, dass du den ersten Schritt gemacht und mit dem Ausmisten begonnen hast!

## Eine Vision für dich finden

Hast du herausgefunden, was du mit dir herumträgst, von was du dich warum lösen willst und wie sich das vermutlich auf dich auswirken wird, ist es extrem hilfreich, eine Vision zu finden, auf die du dich im Folgenden konzentrieren kannst. Wenn du etwas Altes loslässt, hast du die Hände frei für etwas

Neues. Um dich dann nicht in der schier unendlichen Anzahl an Möglichkeiten zu verlieren, tust du gut daran, eine Idee für dein Leben zu haben, eine Vision, an der du dich orientieren kannst. Wenn du weißt, wo du stehst und wo du hin möchtest, kannst du auch ziemlich gut abschätzen, wie lang der Weg dauern wird, welchen Proviant du einpacken solltest und was im Reisegepäck sonst noch nicht fehlen sollte. Du kannst eine Vision gestalten, die sich an deinen eigenen Bedürfnissen orientiert, und das Ruder selbst in die Hand nehmen.

Ein Gedicht der Lyrikerin Emily Dickinson beginnt mit dem Satz „Die Hoffnung ist das Federding, das in der Seel' sich birgt!" Lass diesen Satz einmal auf dich wirken. Eine Vision kann dir Hoffnung schenken. Sie kann die Moral hochhalten, wenn alte Bekannte wie Vermeidung, Prokrastination oder Unsicherheit sich dir in den Weg stellen und dich auf deiner Reise aufhalten wollen. Außerdem kann eine Vision es dir ermöglichen, den Fortschritt zu überprüfen, den du machst.

Du solltest dich allerdings nicht nur fragen, wo du jetzt hin möchtest, sondern auch, wie du dich in der Gegenwart fühlen möchtest. Hast du lange in der Vergangenheit gelebt und Altes nicht loslassen können, geschieht es schnell, dass du dich nun radikal auf die Zukunft ausrichtest. Vielleicht möchtest du Projekte, die du dich aufgrund von alten Verletzungen lange nicht getraut hast umzusetzen, nun rasch angehen.

Neben deiner Ausrichtung auf die Zukunft solltest du deine Gegenwart aber nicht aus den Augen verlieren. Es ist schön, wenn du mit neuer Kraft auf etwas hinarbeiten kannst. Aber dein Leben findet immer jetzt – in diesem Moment – statt, und daher ist es von größter Wichtigkeit, dass du auch jetzt gut für dich sorgst. Natürlich sollst du deine Pläne weiterverfolgen, vor allem dann, wenn dir momentan die Kraft zur Verfügung steht, Veränderungen vorzunehmen oder Ideen umzusetzen. Aber das Loslassen ermöglicht dir auch, dir eine Vision für dein jetziges Leben zu schaffen. Es gibt dir die Power, dein Leben auch jetzt schon so angenehm wie möglich zu gestalten.

## Energie neu ausrichten

Vielleicht kennst du den Ausspruch: „Die ganze Zeit, die ich bisher darauf verwendet habe, mich zu hassen, nutze ich jetzt dafür, mich selbst zu lieben." Um nicht immer wieder in alte Denkmuster zurückzufallen, kann für deine Gedanken und deinen Körper ein Gegenkonzept sehr hilfreich sein.

Überlege dir einmal, wie viele schlaflose Stunden du in deinem Bett damit verbracht hast, über deinen Stachel nachzudenken. Erinnere dich, wie oft du das gleiche Gespräch immer und immer wieder vor deinem inneren Auge abgespult hast. Denke daran, wie viele Male du Fragen gewälzt hast, auf die du dir selbst keine Antworten geben konntest, und wie du dich fast schon zermartert hast, wenn es darum ging, dich mit Selbstvorwürfen zu überschütten.

Es ist wichtig, dass du all die Energie, die du in diese Gedankengänge und Tätigkeiten gesteckt hast, neu ausrichtest auf etwas, was dir in deinem Leben wichtig ist, was dich voranbringt, was dir gut tut und was dir auch eine Zukunft bietet.

Hast du deine Vision bereits gefunden? Falls ja, wirst du merken, dass allein der Gedanke daran sich bedeutend besser anfühlt, als der an deine Stacheln. Allerdings bist du es gewohnt, deine Gedanken in diese Richtung wandern zu lassen. Es kann schwierig sein, sich im Alltag für etwas zu begeistern, was sich zwar gut, aber noch ganz unwirklich anfühlt – zumal das Jammern vielleicht schon ganz automatisch abläuft und das Aktivwerden natürlich mit deutlich mehr Einsatz deinerseits verbunden ist.

Du hast aber gelernt, dass du viel mehr bist als diese eine Wunde, dieser eine Stachel. Bei näherer Betrachtung wirst du auch feststellen, dass du weit mehr Ressourcen zur Umsetzung deiner Vision zur Verfügung hast, als du vielleicht zunächst glaubst. Denn du bestehst ja nicht nur aus verletztem Stolz, Trauer oder Schmerz, sondern auch aus Tatkraft, Intelligenz und Mut, Ideenreichtum und Kreativität.

Mache dich also mit all deiner Souveränität daran, deine Energie auf deine positive Vision auszurichten, und ziehe sie ab von all dem, was dich ausbremst oder dir schadet.

Um zu starten, stelle dir einmal folgende Fragen:

- Was kannst du konkret dafür tun, um deine Vision Teil deiner Wirklichkeit werden zu
- lassen?
- Welche Ressourcen kannst du dafür nutzen?
- Gibt es Möglichkeiten, vermeintliche Schwächen als Stärken zu nutzen?
- Wie kannst du dich zwischendurch motivieren, um deinen Kurs zu halten?
- Kannst du dir eine kleine Erinnerung schaffen, die dich davon abhält, gedanklich alte Wege einzuschlagen, nur weil es bequemer ist?
- Welche Dinge stellen sich dir immer wieder in den Weg?
- Macht sich manchmal ein Schweinehund breit, wenn du den Schritt Richtung Vision wagen willst?

Achte darauf, dass du auch hier kleinschrittig beginnst und dich nicht gleich übernimmst. Zudem ist dein Plan keineswegs in Stein gemeißelt. Aber ein Plan, an dem du dich orientieren kannst, bringt dich zumindest in die richtige Richtung, weg von deinen Stacheln und der Vergangenheit, in das Hier und Jetzt und zu den Punkten in deinem Leben, denen du wirklich deine Aufmerksamkeit schenken willst. Bemerkst du zwischendurch, dass dein Plan ein paar Abänderungen braucht oder du dich noch mal umentscheiden möchtest, ist das gar kein Problem. Wichtig ist, dass du in Gang kommst und etwas Positives für dich in Bewegung setzt, statt dysfunktionale Gedanken- oder Verhaltensmuster aufrechtzuerhalten. Auch hier fütterst du den weißen statt den schwarzen Wolf und sorgst so dafür, dass das Wichtige nicht mehr auf der Strecke bleibt, sondern endlich die Aufmerksamkeit bekommt, die es verdient.

# Ich will loslassen, aber es geht nicht – was ist hier los?

Wenn du bei diesem Kapitel angekommen bist, hast du schon so viel geschafft: Du hast deine Themen identifizieren und benennen können. Du hast dich den Themen gestellt und – vielleicht sogar mit anderen gemeinsam – überprüft, inwiefern deine Erinnerung an bestimmte Ereignisse von Emotionen und Vorstellungen gefärbt war. Du hast gelernt, wie dein Gedächtnis funktioniert. Du weißt, wie und warum uns unser Gedächtnis manchmal Streiche spielt, dass es sehr selektiv ist in dem, was es behält und was nicht, und dass wir uns auf ganz unterschiedliche Weise erinnern können. Du hast auch erfahren, dass die rückblickende Gestaltung deiner Erinnerung möglich ist und du mit deiner Betrachtungsweise bereits manchen Stachel ziehen kannst. Zudem hast du einige Methoden und Techniken an die Hand bekommen, mit denen du dich deinen Themen nähern kannst, um sie von einer neuen Perspektive anzugehen. Du hast Mittel und Wege kennengelernt, dich mit diesen Themen produktiv auseinanderzusetzen. Du erkennst nun, wann es nicht hilfreich ist, bestimmte Themen immer wieder durchzudenken oder gar regelrecht durchzukauen. Du hast verschiedene Ideen vorgestellt bekommen, die du als Anregung dazu nutzen kannst, deine Themen zu verabschieden und sie wohlwollend ziehen zu lassen, weil sie dir nicht mehr dienen, sondern dich in deinem jetzigen Leben eher einschränken.

Was ist nun aber, wenn du all die Ideen tatkräftig ausprobiert und umgesetzt hast, und es passiert ... nichts.

Du hast dein Thema konkretisiert, hast es klar benannt, die Zusammenhänge und Auswirkungen auf dein heutiges Verhalten und dein Leben im Allgemeinen erkannt, die Probleme identifiziert, die es für dich mit sich bringt, und du bist willens, mit diesem Punkt in deinem Leben voll und ganz abzuschließen. Aber es gelingt dir nicht!

Du spürst vielleicht eine Blockade. Vielleicht zweifelst du an deiner Motivation oder der Art und Weise, wie du die Tipps umgesetzt hast. Möglicherweise verhält es sich bei dir aber auch so, dass du beim Lesen der einzelnen Kapitel alles gut nachvollziehen konntest, du aber beim Beantworten der Fragen bereits einen Widerwillen bemerkt hast. Eventuell hast du Dinge, die du ausprobieren wolltest, immer wieder aufgeschoben und vor dir selber Ausreden erfunden, warum du die Themen heute wieder nicht angehen kannst: weil es im Job heute so anstrengend war, weil die Fenster mal wieder geputzt werden müssen, weil die beste Freundin nur heute Zeit hat, weil das Kind eine Veranstaltung in der Schule hat oder weil in sechs Monaten ja auch schon wieder Weihnachten ist und alle Weihnachtskugeln doch dringend mal poliert werden müssen. Das Gehirn kann sehr kreativ sein, wenn es darum geht, Dinge zu vermeiden, die es mit unangenehmen Emotionen verknüpft.

Und das aktive Auseinandersetzen mit schwierigen Themen aus der Vergangenheit ist eine sehr große Sache, die für dich zwar im Endeffekt sehr positiv ist, auf dem Weg dahin aber durchaus mit negativ bewerteten Emotionen wie Trauer, Schmerz, Scham, Wut, Enttäuschung oder Hilflosigkeit einhergehen kann. Eine solche Innenschau ist fordernd für dich und kann bei einem vollen Alltag sehr anstrengend sein. So ist

## Ich will loslassen, aber es geht nicht – was ist hier los?

es keineswegs verwunderlich, wenn du dich nicht jeden Tag in der Stimmung dazu fühlst, an diesen Themen zu arbeiten. Das musst du auch gar nicht, denn wie bei jeder anderen Aufgabe auch ist eine gesunde Work-Life-Balance wichtig. Außerdem geht dir ja darum, eine alte Last abzuwerfen und keine neue obenauf zu packen, wenn du ohnehin schon gar nicht mehr weißt, woher du die Kraft für deinen vollen Alltag zwischen Familie, Arbeit und anderen Verpflichtungen nehmen sollst.

Was ist aber, wenn du an dir selber bemerkst, dass du diese Auseinandersetzung auch verweigerst oder aufschiebst, wenn du die Zeit und Muße hättest, oder du dich dem Thema zwar nähern willst, aber nicht an den Kern des Ganzen zu kommen scheinst?

Das Wichtigste erst mal vorweg: Sei bitte verständnisvoll mit dir! Es ist toll, dass du dich dazu entschlossen hast, deine Themen anzugehen, und es ist verständlich, dass du dir wünschst, dass dieser Prozess jetzt auch möglichst glatt über die Bühne geht. Ausgebremst zu werden, wenn man voller Elan in eine Sache starten möchte, ist ein äußerst unangenehmes Gefühl, das einen hilflos zurücklassen und zweifeln lassen kann: Möchte ich diese Veränderung vielleicht doch nicht? Bin ich einfach für den Rest meines Lebens so und muss mit diesen Stacheln herumlaufen? Habe ich mich nur nicht genug angestrengt?

Dass diese Fragen aufkommen, ist ganz normal. Bitte verfalle nicht in Selbstvorwürfe oder zerfleische dich innerlich. Wie du bereits gelernt hast, bringt auch das wiederkehrende Durchkauen eines Themas in der Regel keine neuen Erkenntnisse. Es kann tatsächlich ganz unterschiedliche Gründe dafür geben, warum die Auseinandersetzung mit deinem Thema und das Loslassen dessen, was dir nicht mehr gut tut, nicht so reibungslos abläuft, wie du dir das möglicherweise erhofft hast.

## Der richtige Zeitpunkt – alles im Leben hat seine Zeit und seinen Ort

Es ist denkbar, dass du einfach einen ungünstigen Zeitpunkt für deine Reise gewählt hast oder in deinem Leben etwas dazwischengekommen ist, was aktuell so viel Aufmerksamkeit von dir fordert, dass du nicht einfach so nebenbei Kapazitäten dafür aufbringen kannst, dich mit deinen Themen und dem Loslassen zu beschäftigen. Natürlich soll das Loslassen dich eigentlich befreien und dir mehr Raum und Kraft für all die Dinge geben, die dir wirklich am Herzen liegen. Aber wie bereits erwähnt, erfordert der Prozess einiges an Mut und Stärke von dir, die du auch erst mal irgendwo herholen musst.

Möglicherweise ist in deinem Job ein Projekt dazwischengekommen, das dich so in Beschlag nimmt, dass du kaum mal eine ruhige Minute für dich hast. Kannst du dir dann etwas Zeit erübrigen, brauchst du diese ohnehin dringend, um dich um deine Freunde und deine Familie zu kümmern. Oder dein Kind hat sich beim Toben einen Bruch zugezogen und du musst nun deinen ganzen Alltag neu organisieren, um deine Aufgaben und die Bedürfnisse des Kleinen unter einen Hut zu bekommen. Oder es geht dir selber gerade nicht so gut, weil du dir eine langwierige Bronchitis eingefangen hast und kaum Kraft für deine täglichen Erledigungen aufbringen kannst.

Dann ist natürlich überhaupt kein Platz für Reisen in die Vergangenheit, das gründliche Aufarbeiten von belastenden Themen oder den mühsamen Prozess des Loslassens. Wichtig ist in diesem Fall, nichts zu erzwingen. Dinge kommen von alleine, wenn man bereit dazu ist. Nur weil dir jetzt etwas dazwischengekommen ist, bedeutet das ja nicht, dass du das ganze Projekt auf Eis legen musst.

Du hast folgende Möglichkeiten: Du kannst das Ganze verschieben, bis du wieder mehr in deiner Kraft stehst und sowohl körperlich als auch mental fit genug bist, um dich mit diesem anspruchsvollen Thema auseinanderzusetzen. Das hat nichts mit Drückebergertum oder angstvollem Vermeiden zu tun, sondern mit einem achtsamen und verantwortungsbewussten Umgang mit sich selbst. Du weißt am besten um deine eigenen Ressourcen, und es liegt an dir, diese gut einzuteilen und für dich zu sorgen. Wenn du dich das erste Mal auf diese Weise mit dir und deinen Themen auseinandersetzt, kann es sein, dass dir bis dahin gar nicht bewusst war, wie aufwühlend oder kräftezehrend der Prozess manchmal für dich sein kann. Stellst du dies fest, ist es wichtig zu überprüfen, wo du gerade stehst und welche Kraftreserven und Erholungsmöglichkeiten du zur Verfügung hast. Wird dir klar, dass du im Moment keine Regenerationszeiten für dich freischaufeln kannst, ist es keineswegs feige oder nachlässig, das Projekt zu vertagen, sondern eher ein Zeichen deiner Wertschätzung für dich selbst. Achtsam und wertschätzend mit sich zu sein, erfordert Übung und Zeit. Es ist sehr, sehr wichtig, dass du dir diese Zeit gibst.

Falls du dir unsicher bist, ob du gerade die nötige Zeit hast, dich auf diese Reise zu begeben, oder ob du dir lieber noch ein wenig Zeit geben solltest, stelle dir doch einfach mal folgende Fragen:

- Bist du aktuell beruflich stark eingespannt?
- Kannst du dich nach Feierabend nur noch schwer konzentrieren, weil du bereits tagsüber so viel mentale Arbeit leisten musst?
- Fällt es dir aktuell schwer, eine vernünftige Work-Life-Balance umzusetzen?
- Bekommst du genug Schlaf?
- Fühlst du dich körperlich fit oder kämpfst du mit Erkrankungen oder Verletzungen?
- Benötigen Personen in deinem Umfeld gerade deine volle Präsenz, sodass du dein Privatleben zurückstellen musst?

- Kannst du deinen Hobbys nachgehen oder nutzt du deine Freizeit, um unerledigte Aufgaben zu bewältigen, wie etwa die Bügelwäsche oder die Steuererklärung?
- Hast du Zeit, dich liebevoll um deine Bedürfnisse zu kümmern?
- Kochst du dir gesunde Mahlzeiten oder bleibt es bei einem schnellen Snack zwischendurch?
- Fühlst du deinen Puls bei dem Gedanken an noch mehr Aufgaben oder weitere Verpflichtungen in die Höhe schnellen?
- Steht bei dir demnächst ein wichtiger Termin an, etwa eine Prüfung, ein wichtiges Fest wie eine Hochzeit oder ein runder Geburtstag, eine Fortbildung, ein Urlaub oder ein Umzug, der all deine Kraft in Anspruch nimmt?

> Wichtig:
> Wenn du bei dem Beantworten der Fragen merkst, dass selbst diese Aktivität dich nur zusätzlich stresst, sich dein Kiefer verkrampft, du unweigerlich die Schultern hochziehst oder du deine Gedanken kaum im Zaum halten kannst, weil noch so viel auf deiner To-do-Liste steht, dann überlege dir, ob jetzt der richtige Zeitpunkt für das Projekt Loslassen ist.
>
> Kannst du Aufgaben delegieren, um mehr Raum für dich zu haben und dich dem Thema doch zu widmen? Oder ist es vielleicht besser, wenn du das Buch erst einmal für eine Weile zur Seite legst und dafür sorgst, dass du wieder mehr Zeit für Selbstfürsorge hast? Es läuft dir nicht weg und wartet gern auf dich, bis du bereit dafür bist. Hast du deine

> Batterien dann aufgeladen, kannst du mit neuem Tatendrang in die Sache starten und hast dem Ganzen auch etwas mehr Grundsubstanz entgegenzusetzen, wenn es während des Prozesses mal anstrengend werden sollte.

## Die Angst vor dem Danach – was kommt nach dem Loslassen?

Was ist aber, wenn du die Zeit und Kraft hast und trotzdem bemerkst, dass du dich nicht lösen kannst, wenn du Dinge vielleicht doch nicht aufgeben magst, obwohl du das doch eigentlich willst und deswegen überhaupt erst das Buch in die Hand genommen hast? Ist das Ganze dann nicht total paradox? Bevor du wütend auf dich wirst, halte bitte kurz inne und nimm einen tiefen Atemzug.

Natürlich ist es im ersten Moment ärgerlich, wenn du trotz bester Vorsätze und Ideen bemerkst, dass du dich quasi selbst sabotierst oder zumindest ein Teil von dir nicht richtig mitarbeiten will.

Und ja, es klingt vollkommen widersprüchlich. Schließlich hast du dich mit den nötigen Methoden vertraut gemacht, dich mit den Themen auseinandergesetzt und nun die passenden Werkzeuge in der Hand, um so richtig loszulegen.

Aber versuche einmal, diese Seite in dir, die nicht so recht mitmachen möchte, zu verstehen. In der Regel tut deine Psyche alles dafür, um dich vor unangenehmen und unerwünschten Gefühlen wie Schmerz, Trauer, etc. zu beschützen. Wie bereits erwähnt, kann die Auseinandersetzung mit deinen Altlasten für dich aber mit genau diesen Gefühlen verbunden sein. Möglicherweise brechen auch alte Wunden auf, die du jahrelang mühsam verschlossen gehalten hast. Dass du unterbewusst Angst vor diesem Cocktail an Gefühlen hast, ist vollkommen nachvollziehbar, oder?

Das ist ähnlich wie bei einem Termin zum Entfernen der Weisheitszähne: Du weißt, dass es dir nach der Behandlung besser gehen und dein Alltag wieder störungsfreier verlaufen wird, aber trotzdem fürchtest du dich vor den etwaigen Schmerzen bei der Behandlung und vielleicht auch vor der ersten Zeit danach. Schlussendlich ringst du dich aber zu der Behandlung durch, denn du weißt, dass die Vorteile auf Dauer überwiegen werden, auch wenn die nächsten Tage nicht so toll werden und du eventuell mit Babybrei und Süppchen auf dem Sofa vor dich hin dümpeln wirst.

Aber was ist mit Ängsten, die auf den ersten Blick gar keinen Sinn zu machen scheinen? Es können nämlich auch ganz andere Ängste auftreten, die uns zurückhalten wollen. Plötzlich tauchen Fragen auf, wie: Was passiert mit mir, wenn ich nicht mehr die bin, die im Stich gelassen wurde? Was passiert mit mir, wenn ich die Enttäuschung über eine verlorene Freundschaft hinter mir gelassen habe und mich wieder neuen Kontakten öffne? Muss ich dann wieder vertrauen? Muss ich wieder aktiv werden?

So seltsam es klingen mag, das Leiden, an das wir uns gewöhnt haben, ist etwas, dass wir kennen. Wir fühlen uns in dieser Rolle daher in gewisser Weise sicher. Das ist wie mit einem Mitbewohner, den man eigentlich nur noch nervig findet, weil er mit seiner lauten Musik stört, keine Rücksicht nimmt und den Kühlschrank leer futtert. Das ist alles ätzend und blöd und raubt uns den letzten Nerv. Aber wir wissen, was wir zu erwarten haben, und wir sind immerhin nicht allein mit uns und unseren Gedanken. Wir können all unsere Wut und unseren Frust auf diesen blöden Mitbewohner richten und müssen uns auch nicht aktiv um einen neuen Mitbewohner kümmern, solange der alte da ist.

Neues und Ungewisses kann uns nämlich Angst machen. In der Regel fürchten wir das Neue so sehr, dass wir oft länger als nötig an Altem festhalten. Der Grund dafür ist, dass uns das Alte vertraut ist und uns – auch wenn es uns stört oder es uns nicht gut damit geht – eine gewisse Form der Kontinuität und Stabilität vermittelt, von der wir noch nicht wissen, ob wir sie mit etwas Neuem in Zukunft erwarten dürfen. Doch diese scheinbare Sicherheit gibt uns auf Dauer keine wirkliche Stabilität, denn die negativen Effekte überwiegen und können allein durch die Dauer noch zermürbender auf uns wirken.

Wie können wir also die Angst vor dem Neuen überwinden? Konkret auf mich selbst bezogen, stellen sich die Fragen: Was kann ich tun, damit ich bereit bin, das Alte loszulassen und den nächsten Schritt in meine Zukunft zu gehen?

Was ist, wenn ich mich so sehr über meine Stacheln, meine Wunden, identifiziere, dass ich gar nicht mehr weiß, wer ich ohne sie bin?

Es passiert manchmal schleichend, manchmal sehr rasch und heftig, dass alte Glaubenssätze alles andere verdrängen, Wunden so groß werden, dass man meint, nichts Heiles mehr sehen zu können und sich alles nur noch darum zu drehen scheint. So wird aus einem normalen Liebeskummer einer Freundin eine Leidensgeschichte fürs Leben und der Exfreund der unerreichbare Prinz, an den kein anderer Mann je wieder herankommen wird. Die Freundin zieht sich zurück, igelt sich ein, suhlt sich vielleicht sogar in ihrem Schmerz und ist nach einer Trauerphase aber auch nicht dazu bereit, diese Position wieder zu verlassen. Vielleicht gefällt sie sich selbst ein wenig in der Rolle der Leidenden. Dies geschieht leicht, wenn man einen Hang zu starken Emotionen hat, und ist keinesfalls verwerflich, sollte aber immer wieder in gesunde Bahnen gelenkt werden.

Vielleicht hat sie sich irgendwann aber auch daran gewöhnt und fühlt sich in ihrer Meinung, nie wieder Liebesglück finden zu werden, sogar bestärkt, weil die Männer nach zig Abweisungen seitens der Freundin auch keine Anstalten mehr machen, sie anzusprechen. So kann sie in aller Ruhe auf alle schimpfen und in ihrem Sauertopf leben. Ihr Umfeld, das sehr lange geduldig und mit viel Verständnis darauf reagiert hat, wird möglicherweise nach einer Weile entsprechende Vorstöße wagen oder ihr auch mal den Kopf waschen, wie das unter guten Freunden möglich ist.

Aber wer Angst hat, etwas zu verändern, der tut sich leichter damit, den anderen Unverständnis oder Grobheit zu unterstellen, als sich selbst ein Herz zu fassen und den ersten Schritt in eine neue Richtung zu gehen.

## Mitgefühl und Ehrlichkeit beim Heilungsprozess

Heilen ist ein schwieriger Prozess und er kann Angst machen. Wer heilt, muss sich auch wieder neu sortieren, neu verorten. Er muss sich Fragen stellen, deren Antworten nicht immer leicht zu finden sind: Wo bin ich? Was bin ich ohne diese Wunde? Was kann ich? Wo will ich hin und wie stelle ich das an? Was ist mir wichtig? Wofür interessiere ich mich? Was sind meine Werte, Träume und Ideen?

Es mag auf den ersten Blick nicht offensichtlich sein, aber wer sich jahrelang gedanklich immer wieder mit den gleichen Themen beschäftigt hat, hatte womöglich gar keine Zeit, sich diese Fragen zu stellen und wichtige Reifungsprozesse dahingehend zu durchleben. Sieht man sich mit diesem Umstand konfrontiert, kann das zu einer tiefen Verunsicherung, vielleicht auch zu einem Gefühl von Unzulänglichkeit, Hilflosigkeit oder sogar Frust, führen.

Aber auch hier heißt der erste Schritt wieder: Mitgefühl zeigen. Es mag überwältigend, traurig oder angsteinflößend sein, zu bemerken, wie sehr man sich von einer Situation in der Vergangenheit hat gefangen nehmen lassen. Es ist nicht leicht, zu sehen, wie sehr man selbst dazu beigetragen hat, indem man sich nicht aktiv um eine Verbesserung gekümmert, sondern immer wieder alte Geschichten aufgewärmt hat, um vordergründig Emotionskontrolle zu betreiben, oder um zu vermeiden, selbst in die handelnde Rolle zu kommen.

Es ist sicher einfacher, wenn man sich in die passive Opferrolle begibt und aufgrund der alten Verletzung alle anderen Ambitionen aufgibt. So kann man nämlich nicht mehr enttäuscht werden. Allerdings kann einem so auch keine angenehme Überraschung mehr widerfahren. Carolyne Myss spricht in ihrem Vortrag „Why People Don´t Heal" auch davon, dass es eine gewisse Form der Integrität sich selbst gegenüber bedarf, um zu heilen und alte Dinge loszulassen. Die persönliche Integrität ist wichtig, um seine eigenen Werte und Ziele dauerhaft zu vertreten und seinen eigenen Prinzipien zu folgen. Wer sich selbst gegenüber nicht ehrlich ist, seine Werte oder Wünsche aus Bequemlichkeit, Angst vor Ausgrenzung oder Ähnlichem, negiert, wer sich immer wieder vornimmt, bestimmte Dinge zu ändern, sich aber doch nicht dazu aufraffen kann, der tut sich selbst auf Dauer nichts Gutes.

Erhältst du immer viel Zuspruch und Aufmerksamkeit, wenn du von diesem Schweinehund von Kerl erzählst, der dir damals so arg mitgespielt hat, kann das dazu führen, dass du auf dieser negativen Schiene bleibst und dich daran gewöhnst, so zu sprechen. Denn wo kommt die Aufmerksamkeit her, wenn du nicht mehr davon sprichst? Wovon sollst du erzählen, wenn du gefragt wirst, wie es dir geht, und du nicht als Erstes von deiner Trauer, deiner Leidensgeschichte, erzählen kannst? Die aktive Veränderung eines verinnerlichten Verhaltens ist ein schwieriger Prozess, der sich aber für dich lohnen kann.

## Mehr als ein lebendes Krisengebiet? Wie schaffe ich es, mich nicht mehr mit meiner Wunde zu identifizieren?

Hast du dich lange über deine Traumata definiert, sind sie dir zu einer zu engen zweiten Haut geworden, oder einem Paar alter Slipper, in die man ganz automatisch hineinschlüpft, obwohl sie sich weder gut anfühlen noch schön aussehen und auch nicht mehr richtig wärmen oder Halt geben. Die Angst, ansonsten nicht zu wissen, wer man ist, ist groß, wenn man sich an eine Wunde gewöhnt hat. Daher ist das nicht Loslassen können eine mehr als verständliche Reaktion darauf. Auch der Umstand, dass das passive Leiden auf den ersten Blick meist weniger anstrengend erscheint als das aktive Verändern, kann stark dazu beitragen, dass wir an ungesunden Verhaltensmustern festhalten.

Das ist wie mit dem kalten Stück Pizza und dem selbstgemachten Salat. Sicher wäre die zweite Option gesünder und insgesamt auch befriedigender, vielleicht sogar leckerer, als ein altes Stück Pizza. Aber das Gehirn möchte seine Wünsche schnell belohnt sehen. Die Aussicht auf eine unmittelbare Bedürfnisbefriedigung ist viel reizvoller und auch noch mit viel weniger Gedankenarbeit verbunden, als sich erst ein gesundes Mahl zuzubereiten, dann in Ruhe zu essen und auch langfristige Aspekte wie die Gesundheit im Auge zu behalten. Hältst du also an deiner Wunde fest, bekommst du möglicherweise weiterhin Aufmerksamkeit, Zuwendung und Mitleid.

Aber möchtest du diese Form der Aufmerksamkeit? Sehnst du dich nicht eigentlich nach etwas anderem? Hast du genug davon, dir durch Ausheulen und Schimpfen kurzfristig Erleichterung zu verschaffen? Bist du daran interessiert, etwas zu verändern, was dir langfristig hilft, alte Muster loszulassen?

## Ich will loslassen, aber es geht nicht – was ist hier los?

Der erste Schritt ist, zu akzeptieren, wie schwer es dir fällt, eine bestimmte Wunde aufzugeben. Mach dir bewusst, was du zu verlieren glaubst, was dir Sorgen bereitet und was dich unsicher werden lässt, wenn du an das Aufgeben dieser Wunde denkst.

Gehen deine Befürchtungen eher in eine zwischenmenschliche Richtung? Hast du beispielsweise Sorge, dass du deinen Platz in einer Freundesgruppe verlierst oder die Dynamik in deiner Familie gestört wird, wenn du dich anders verhältst? Hast du dich als, von der Männerwelt enttäuschte, Einzelperson in einer Freundesgruppe mit lauter Paaren etabliert, kann es die anderen möglicherweise beunruhigen, wenn du dich wieder für die Liebe öffnest und Interesse bekundest. Oder Freundinnen, mit denen du immer so schön über die verpassten Studienchancen jammern konntest, fühlen sich vor den Kopf gestoßen, wenn du mit einem Mal nicht mehr ständig über Vergangenes jammern möchtest, sondern etwas Neues, Positives auf die Beine stellen willst.

Vielleicht hast du aber auch Glück und deine Freunde kennen einen netten Menschen in ihrem Bekanntenkreis, den sie dir vorstellen wollen. Oder sie helfen dir bei deinen neuen Plänen und lassen sich von deiner neuen positiven Energie mitreißen und ihr beflügelt euch gegenseitig?

Behalte diese Möglichkeit auch im Kopf, wenn du dich den oben genannten Fragen stellst. Dann überlege dir, wie du in Zukunft mit deiner alten Wunde umgehen willst, damit sie nie mehr so schmerzhaft werden kann, wie sie es mal war.

Caroline Myss schlägt in ihrem Vortrag „Why People Don't Heal" vor, über Verletzungen nur drei Mal zu sprechen. Natürlich musst du dich nicht genau an diese Zahl halten und Myss selbst räumt ein, dass es Erlebnisse gibt, deren Verarbeitung selbstverständlich mehr Gespräche und deutlich mehr Zeit in Anspruch nimmt. Es ist keineswegs damit gemeint, dass du schwerwiegende Krisen bagatellisieren sollst oder langwierige Themen negieren musst. Bei traumatischen Ereignissen bedarf es für die Aufarbeitung genügend Zeit, die du dir unbedingt nehmen solltest. Intensive Gespräche können dich in dieser Situation unterstützen, bei Bedarf kannst du auch entsprechend geschulte Personen, wie etwa Ärzten, Therapeuten oder Coaches, hinzuziehen.

Es geht bei dem oben genannten Tipp von Caroline Myss vielmehr darum, Themen, die du vielleicht nur aus Gewohnheit immer wieder ansprichst, ihren Raum zu nehmen und verhältnismäßig zu bleiben. Wurdest du gekränkt und bist darüber wütend oder verletzt, kannst du es ein, zwei, drei Mal erzählen. Dadurch bekommst du von verschiedenen Menschen neue Sichtweisen auf die Sache geboten. Du fühlst dich mit deinem Schmerz gehört und gesehen, und du kannst durch das Erzählen und den Austausch mit deinem Gegenüber Mittel und Wege finden, das Ganze einzuordnen.

Danach aber gibst du der ganzen Sache keinen unnötigen Raum mehr, sondern lenkst deine Energie in andere Aspekte deines Lebens. Du nutzt ein anderes Vokabular, wenn du, statt das 50. Mal von deinem missglückten Jobinterview zu erzählen, ein aktives Gespräch über die guten Aspekte in deinem Leben führst. Auch deine Körperhaltung und dein Körperempfinden werden ganz anders sein. Eine Geschichte der Cherokee-Indianer beschreibt diesen Prozess mit sehr klaren Bildern:

Ein alter weiser Cherokee sprach eines Tages mit seinem Enkel über das Leben: „In mir tobt ein Kampf! Es ist ein schrecklicher Kampf und er wird von zwei Wölfen ausgetragen. Der eine Wolf ist böse. Er ist Wut, Neid, Trauer, Bedauern, Gier, Selbstmitleid, falscher Stolz, Arroganz, Schuld und Lüge." Er blickte seinem Enkel fest in die Augen. „Der andere Wolf ist gut. Er ist Freude, Hoffnung, Integrität, Mitgefühl, Ehrlichkeit, Freundlichkeit, Liebe, Großzügigkeit und Aufrichtigkeit. Dieser Kampf, er findet auch in dir statt und in jedem anderen Menschen auf dieser Erde!" Der Enkel dachte für einen Moment über das nach, was der Alte gesagt hatte. Dann fragte er seinen Großvater: „Welcher der Wölfe aber wird gewinnen?" Der weise Alte lächelte und antwortete knapp: „Der, den du fütterst!"

Wenn du es schaffst, deinen bösen Wolf, deine Wunde, nicht immer wieder mit neuem Futter, neuer Aufmerksamkeit, zu versorgen, kannst du heilen und dich deinem neuen Leben stellen. Du wirst herausfinden, wer du ohne diese Wunde eigentlich bist. Ein aufregender Gedanke, der neben einem mulmigen Gefühl im Magen auch ein ungeheuer großes Gefühl der Zuversicht, der Hoffnung und des Friedens in dir schüren kann!

Wenn du magst, kannst du mit den folgenden Fragen arbeiten, um herauszufinden, warum du an alten Stacheln festhältst und was es dir bringen kann, wenn du doch den Sprung ins kalte Wasser wagst!

- Befürchtest du, dass du weniger Aufmerksamkeit bekommst, wenn du keine leidvollen Erfahrungsberichte mehr erzählst?
- Hast du dich so daran gewöhnt, dass dir gar keine anderen Gesprächsthemen mehr einfallen als Erlebnisse, die dich irgendwann mal verletzt haben?
- Sind diese Gesprächsthemen verbindungsstiftende Mittel in deiner Freundesgruppe, weil alle etwas Ähnliches erfahren haben?
- Fürchtest du einen Ausschluss aus dieser Gruppe, wenn du diesen Aspekt deines Lebens hinter dir lässt und dich wieder für neue Erfahrungen öffnest?
- Nutzt du die alten Geschichten als Schutz vor neuen Erlebnissen, die dir Angst machen?
- Hast du Angst vor den negativen Gefühlen, mit denen du konfrontiert werden könntest, wenn du dich

wirklich ernsthaft mit dem Thema auseinandersetzt, statt immer wieder nur darüber zu schimpfen?
- Fürchtest du dich vor der Leere, die einsetzen könnte, wenn dieses Thema nicht mehr all deine Gedanken bestimmt?
- Bereitet dir der Gedanke, selbst aktiv zu werden, statt weiterhin passiv in der Opferrolle zu verharren, Unbehagen?
- Möchtest du deine Mitmenschen nicht vor den Kopf stoßen, wenn du Konsequenzen aus den alten Themen ziehst und dein Verhalten änderst?
- Nimmst du wahr, dass die Themen ähnlich wie ein Schutzmechanismus immer dann präsent werden, wenn du deine Komfortzone verlassen möchtest?

# Endlich frei – Startschuss für neue Lebenspläne

Hallo und Herzlich Willkommen in deinem neuen Leben. Du hast es bis hierhin geschafft! Du hast dich deinen Themen genähert, du hast sie bestimmt, und konkretisiert, wenn es sein musste, bis du wusstest, mit wem du es zu tun hast. Du hast dich den Themen gestellt und dich aktiv mit ihnen auseinandergesetzt, aber auch deine Grenzen anerkannt, wenn sich etwas nicht klären ließ. Du hast verschiedene Mittel und Wege kennengelernt, um alte Verletzungen endgültig hinter dir zu lassen. Du hast ihnen Raum und Zeit gegeben, um sich schließen zu können, und hast manchen alten Stachel gezogen, der dich bisher behindert hat. Auch Schwierigkeiten bei diesem Prozess hast du erkannt, die Gründe dafür hinterfragt, dich selbst aus deiner Komfortzone herausgelockt, und auch diesen Schritt gemeistert.

Und jetzt, in diesem Moment, am Ende dieses Prozesses, kann ein ganz neues Gefühl in dein Leben einkehren. Ein Gefühl von Leichtigkeit, ein Gefühl von Offenheit, ein Gefühl von Aufbruch. Hast du endlich hinter dir gelassen, was dich bisher belastet hat, was längst nicht mehr zu dir gehört und dich um deine Kraft gebracht hat, macht sich plötzlich ein Gefühl von Weite breit, das unglaublich positiv und motivierend sein kann. Wenn du willst, steht dir die Welt offen.

Du hast die Möglichkeit, dich ein Stück weit selbst neu zu erfinden, ein neues Bild von dir zu erschaffen. Du kannst dich malen, dich kreieren als eine starke und selbstbewusste Frau ohne diese Wunde, die bisher dein Leben in so vielen kleinen oder auch großen Bereichen bestimmt hat!

## Rückschläge oder Unsicherheiten - ohne Stachel ganz nackt

Auch wenn du noch mitten im Prozess sein solltest oder du nach dem Loslassen eines Themas, dem Ziehen eines alten Stachels noch einige weitere hartnäckige Themen gefunden hast, die du nun schon viel zu lange mit dir herumträgst, wirst du merken, dass bereits das Auflösen und Loslassen eines Themas eine grundlegende Veränderung mit sich bringen kann. Möglicherweise ist die Veränderung zu Beginn noch etwas wackelig, vorsichtig. Vielleicht misstraust du ihr auch, eben weil du dich so an die Last deines alten Themas gewöhnt hattest und es komisch ist, jetzt so frei zu sein.

Das ist vollkommen normal und kein Grund zur Beunruhigung. Elefanten, die man in Zirkussen von klein auf an einen Pfeiler kettet, lernen, dass sie nicht fortlaufen können. Sie bleiben zeit ihres Lebens gehorsam an dieser Kette, obwohl sie heranwachsen und als ausgewachsene Tiere die kleinen Ketten mit ihrer Körperkraft mühelos zerreißen könnten. Sie haben sich aber so sehr daran gewöhnt, in Ketten gelegt und eingeschränkt zu sein, dass sie gar keine andere Möglichkeit mehr in Betracht ziehen.

Aber du kannst an verschiedene Möglichkeiten denken. Du erlebst die Alternativen zu einem Leben mit Altlasten, Stacheln oder Wunden, die immer wieder aufreißen. Du kannst dich trauen, diesen befreiten Weg zu gehen, auch wenn er möglicherweise beschwerlich wird und du ein paar Umwege einlegen oder Rückschläge akzeptieren musst. Aber irgendwann wirst du merken, wie leicht es sich ohne diese zusätzliche Last aufrechtstehen lässt, wie viel mehr du von der Welt siehst, wie vollkommen frei und leicht du dich bewegen kannst, und wie auch das Denken viel flexibler wird. Du hast den nötigen Weitblick, um Durststrecken zu überstehen, und du bist stark genug, um dich auf diese Reise zu begeben.

Dieses Wissen kann dir dabei helfen, auftretende Ängste im Zaum zu halten und auch mit innerer Unruhe oder Zweifeln umzugehen.

Wenn du dir dann noch erlaubst, Fehler als Chance und Erfahrung anzusehen, aus der du lernen kannst, , anstatt sie als Misserfolg oder Versagen zu bewerten, dann wird dir viel von dem Druck genommen, im ersten Anlauf alles richtig zu machen.

Überlege einmal, wie lange dich dein Stachel begleitet hat, was für ein vertrauter, wenn auch störender, Begleiter er in deinem Leben war, und erlaube dir dahingehend eine Übergangsphase. Loslassen ist ein fortwährender Prozess, dem du dich in deinem Leben immer wieder wirst stellen müssen, und den du somit auch immer wieder aufs Neue üben kannst. Eine große Chance für dich, die du mit dem nötigen Rüstzeug sicherlich nutzen wirst.

Ohne Stachel bist du nicht nackt, sondern du hast Raum für Neues oder Unterdrücktes geschaffen, das bisher nicht wachsen konnte.

# Wer kann ich ohne den Stachel sein – Ausblick auf dein neues Leben!

Mit diesem Wissen, dass kleine und größere Hindernisse auf dieser Reise dazugehören, kannst du deinen Weg in dein neues Leben deutlich beruhigter gehen und dich auf das, was kommt, sogar freuen. Endet etwas, lässt du etwas zurück, kann ein Abschiedsschmerz auftauchen, auch wenn du das, was du losgelassen hast, gar nicht mehr in deinem Leben haben wolltest.

Erinnere dich an das Beispiel mit dem schmerzenden Weisheitszahn, der endlich gezogen wurde: Es ist gut, dass er weg ist, auch wenn der Prozess des Entfernens nicht unbedingt angenehm verlaufen ist und dort, wo er saß, erst mal ein Loch ist.

Auch du wirst vielleicht bemerken, dass du dich manchmal unfertig oder seltsam offen fühlst, und du solltest daher ganz besonders liebevoll und fürsorglich mit dir umgehen. Der Prozess, den du hinter dich gebracht hast, erforderte Mut und war anstrengend. Also sei stolz auf dich und erwarte nicht von dir, über Nacht in dein neues Leben ohne alte Wunden hineinzuwachsen.

Der gesamte Prozess kann je nach Wunde und individuellen Voraussetzungen unterschiedlich lang dauern und eine Aufgabe sein, der du dich immer wieder stellen musst. Denn auch wenn du Ballast losgelassen hast, sind Rückschläge möglich. Das Gute in solchen Situationen ist, dass du durch den bereits durchlaufenen Prozess des Erkennens, Benennens, Verabschiedens und Loslassens bereits weißt, wie du mit der Situation umzugehen hast. Du kannst verhindern, dass sich Stacheln wieder festsetzen.

Das Ende von etwas erlaubt viele neue Anfänge, und selbst wenn du dir eine Vision erschaffen hast, wie im Kapitel „Endlich loslassen – Wie gehe ich es an" empfohlen, kann es sein, dass du dich kurzfristig etwas fremd oder verloren fühlst. Das ist ganz normal und wird sich legen, je mehr du dich an deine neue Freiheit gewöhnt hast. Und diese Freiheit wird es sein, die dir dabei hilft, deine Energie endlich auf die Bereiche in deinem Leben zu lenken, die dir persönlich wichtig sind – sei es deine Familie, deine Beziehung, dein Beruf, dein Haustier, dein Hobby, dein Ehrenamt oder was auch immer du dir vorstellen kannst.

Ganz an vorderster Stelle stehst natürlich du! Du wunderbarer Mensch mit all deinen Besonderheiten, die dich zu diesem einzigartigen Wesen machen, das du bist. Sei stolz auf dich, dass du diese herausfordernde Reise angetreten bist und sie gemeistert hast. Genieße nun das Ergebnis dieser Arbeit! Du wirst die Unterschiede eines Lebens mit und ohne Stachel vielleicht im Kleinen spüren, vielleicht im Großen, im Beruf und auch im Privatleben: Du stehst voll in deiner Kraft, befreit und losgelöst, aber keinesfalls abgehoben, sondern mit beiden Beinen fest am Boden. Du bist bereit für ein kunterbuntes, aufregendes und emotionsgeladenes Leben voller Genuss, Abenteuer und Freude! Du selbst hast es dir ermöglicht, und du darfst dich aus tiefstem Herzen daran erfreuen – ganz frei und offen für alles Gute, das dir die Welt zu bieten hat!

# Gratis Bonusheft

Vielen Dank noch einmal für den Erwerb dieses Buches. Als zusätzliches Dankeschön erhältst du von mir ein E-Book, als Bonus, und völlig gratis.

Dieses beinhaltet eine Sammlung an schönen, motivierenden und Mut machenden kleinen Geschichten und Zitaten, die dich auf deinem täglichen Weg zu einem erfüllten Leben begleiten können. Finde darin deine Lieblingszitate, die du dir immer wieder als kleine Erinnerungen, Richtungsweiser und Mutmacher zur Hand nehmen kannst.

Du kannst das Bonusheft folgendermaßen erhalten:

Um die geheime Download-Seite aufzurufen, öffne ein Browserfenster auf deinem Computer oder Smartphone und gib Folgendes ein: *bonus.stefanielorenz.com*

Du wirst dann automatisch auf die Download-Seite weitergeleitet.

Bitte beachte, dass dieses Bonusheft nur für eine begrenzte Zeit zum Download zur Verfügung steht.

# Quellen

Wer schneller denkt, ist früher klug – Dr. Kaja Nordengen, Wilhelm Goldmann Verlag, München, 2018

Wer lernen will, muss fühlen –Christiane Stenger, Rowohlt Taschenbuch Verlag, Reinbeck bei Hamburg, 2016

Woher soll ich wissen, was ich denke, bevor ich höre, was ich sage – Franca Parianen, Rowohlt Taschenbuch Verlag, Reinbeck bei Hamburg, 2017

Nestwärme, die Flügel verleiht – Stefanie Stahl/Julia Tomuschat, Gräfe und Unzer Verlag GmbH, München, 2018

Wahre Stärke muss nicht kämpfen – Barbara Berckhan, Gräfe und Unzer Verlag GmbH, München, 2015

Das Jahr danach – Wenn Paare sich trennen – Bettina von Kleist, Christoph Links Verlag GmbH, Berlin, 2011

Lass endlich los und lebe – Richard J. Leider/ David A. Shapiro, Weltbild GmbH, Augsburg 1996

https://zitatezumnachdenken.com/vergangenheit

„Das lasse ich hinter mir..."

https://november.de/ratgeber/trauerhilfe/
trauerphasen/#toc9

https://www.geoviva.de/modul-2-q7-intuition-naturkraft/
schwarzer-und-weisser-wolf-eine-alte-indianerweisheit/

Printed in Poland
by Amazon Fulfillment
Poland Sp. z o.o., Wrocław